心理界限

尊重自己的意願，3個練習設立「心理界限」
重拾完整自我

★心理學界人人必讀的經典理論

★建立「自我意識」、終結「情緒勒索」
的基礎常識

不設任何防線的親情、愛情、友情、職場忠誠，
是身心傷害的根源

楊嘉玲——著

推薦語

這本書道出我們臨床很多一直具有「內射性負面思考」以及「非理性思考」的個案，他們常常在內心真正的害怕，以及容易存在腦海中的迷思。作者用了許多貼切的形容詞，像：「便利貼女孩」、「提款機大哥」、「好累的蜘蛛人」、「救世主女孩」（很像我常說的「聖母瑪利亞情結」），讓我們去體會這些需要做好「心理界線」的不同類型個案。作者所提的「戒傷害，建立完整自我能量」，絕對不是自私，而是為所有關心你的親友應該做好的身心健康基本之道！

——**楊聰財身心診所院長、公共衛生醫學博士／楊聰財**

在強調「忍」與「讓」的華人文化氛圍裡，界限是我們思考應對進退時，應該培養的第二「直覺」。

若能在人我之間養成「界限」思考的習慣，更可能突破「做好人還是做自己」的兩難困境，找到一個既能與他人親密又感覺自主的位置。

——**臨床心理師／蘇益賢**

推薦給總是怕別人失望，寧可自己受傷的人。這本書陪伴你一起練習，如何保有對人的善意，又同時能夠溫柔地做自己。

——**科普心理學作家／海苔熊**

成為更好的我，無法用喊話就能實現，需要從生活中看見自己與他人的情緒、關係中的模糊界線開始，設立心理界限，不僅是看重自己而已，也是成為更好的我的第一步。

——**慈恩心理治療所所長、臨床心理師、性諮商師／邱似齡**

一本令人豁然開朗的書，讓人在關係中不至於亂了陣腳。作者帶我們看見了心理界限的必要與正能量，及喚起活出自己的勇敢。

——**王意中心理治療所 所長、臨床心理師／王意中**

你準備好了嗎？

我們一起重建自己的心理界限，讓我們可以既善良而且堅強。

輯3 默默付出的背後，沒被點亮的力量

輯4 戒傷害練習：建立完整自我能量

後記

前言

為人著想，為什麼讓我們的心痛痛的？

你的人生，一直在忍讓嗎？

之所以會動念寫這本書，源自於一個生活上的小插曲。

有一回，我因公出差，搭乘高鐵到外地工作。上了列車，很快地就找到預先購買的對號座，但是兩張並排的座椅上，卻已經有一位打扮純樸的婦人和看似智能發展遲緩的小女孩入座，我猜測應該是母女關係。

我拿著車票給婦人看，悄聲地告訴她坐到我的位置了。婦人並沒有出現任何驚訝的反應，她放下手中的早餐準備離席。只是她一邊起身，嘴裡卻不斷地碎唸著：「哎！我好可憐，有位子變成沒位子。」音量之大，全車廂都聽得到。隨後，拿起手機打電話給友人，再次抱怨這件事。

一瞬間，我有些光火，心想：怎麼會有人「做賊的喊抓賊」。但是深呼吸一口氣之後，我面無表情看著那位婦人收拾好行囊，然後安靜地入座。過程中，沒和那位婦人再有任何的交談。

沒多久，原本還坐在座位上一臉茫然的小女孩，也被婦人喚走了。

❖❖❖

故事講到這裡，如果換成是你，在那當下有會什麼樣的反應呢？

我本以為面對一個無關緊要的陌生人，要做到態度溫和，立場堅定，不理睬對方無禮的反應，並非難事。直到我把這個經驗分享出來之後，才發現不是每個人都能這麼果斷地在那當下設立界限，分清楚哪些事情是自己的責任該處理，哪些只要輕輕帶過即可。

我們很容易因為對方的行為，而影響了自己的心情，特別是「憤怒」或「愧疚」這兩種情緒。

我們先來談「憤怒」的情緒。

我的一個朋友，聽完我的經驗之後，說：「如果我是妳，一定會跟對方吵起來！要對方搞清楚狀況，到底是誰沒預先訂票想坐霸王位，要她還一個公道來。難道妳不會生氣嗎？」

「當然生氣啊！實在是很莫名其妙，搞得好像我才是壞人。」

「可是妳為什麼都沒有反駁或解釋呢？」

「跟她生氣，然後呢？你覺得她是那種會道歉的人嗎？而且這樣不就正中她的下懷嗎？」

「怎麼說？」友人富饒興味地繼續追問。

「你想想，她說那些話擺明就是想要激怒人。如果我因為生氣回嗆她：『太太，想要有座位，請自己先買票。』一來，只會引來旁人更多的注意；二來，倘若她惱羞成怒回我：『我真的好可憐，一個人帶孩子，賺錢有多辛苦呀，怎麼可能會上網買票啊！欺負我們這種沒讀書的人。』你有多大的把握，旁邊的人搞得清楚來龍去脈，不會因為她這番話，覺得她很可憐，我很冷漠。到時候，就真的跳到黃河都洗不清了。」

「哦！我懂了。假如妳因為她說的這番話，情緒受到影響跟著生氣的話，她就可以把自己偽裝成弱者，讓妳百口莫辯。」朋友很快就抓到這中間幽微的心理。

「所以說跟那個媽媽生氣，其實是跟自己過不去。就算你把道理說破了，對方也不一定會認同你。不反應，才是最好的處理方法。」

只是這需要很清楚的界限才能不隨之起舞，而掉入對方的心理遊戲。為了捍衛自尊，讓自己陷入不必要的戰局。贏了，沒有任何好處；輸了，只會讓自己更嘔。

還有另一群人面對相同的處境，心中被勾起的情緒不是憤怒，而是「愧疚」，於是他們會對我的處理頗有微詞，像是：

「妳不怕別人覺得妳很冷漠、沒愛心嗎？」

「也許她女兒真的需要照顧，讓一下座位而已啊！日行一善。」

「妳一個人，比他們兩個人好找座位啊！」

這些反應表面上是良善的，但是仔細深思，他們似乎把我的重點調包了，從本來的「責任問題」（那位媽媽如果需要就近照顧女兒，應該預先訂票），變成「道德議題」（能讓，卻沒選擇讓，是沒有愛心的表現）。

他們的言下之意，隱微透露著一種特殊的邏輯是，如果對方的狀態比我們糟糕，我們就不應該表現得太快樂，應該發揮犧牲忍讓的精神，才稱得上是一個善良、好心的人。也就是說，相較於支持受害者，他們更習慣同情弱者。有時，甚至會反過來要求受害者配合演出，要當事者別太計較。

例如，民眾常因為心急自己家人的病況，對醫護人員咆哮或動粗，事後，只要推說自己是因為太著急才會失控，要醫護人員體諒。此時，如果醫護人員不願意和解，就很容易承受「不近人情」的壓力（白衣天使應該秉持著服務大眾的精神）。卻沒有意識到這樣的潛規則，正一點一滴蠶食醫療從業人員的熱情與尊嚴。

這些看似平凡無奇的反應，讓我開始思考並發現，對許多人來說，設定心理的界限，清楚地讓對方知道自己的原則與底線，似乎是一件很困難的事情。明明心裡有千百個不願意，卻因為各種原因或他人的眼光，做出違背自己心意的事情，讓自己不斷地受傷。總會為了「做好人」，而放棄「做自己」。

更可怕的是，好人不一定會把事情做好，更常有的結果是「好人做壞事」。一如我當時若不是選擇不回應，而是收下了那位媽媽的暗示，因為同情，把座位讓給她和智能不足的女兒。有了成功經驗之後，很難保證那位媽媽不會食髓知味，下一次又繼續用這種方法霸占別人的座位，並且把別人的禮讓當成是理所當然。

特別是在網路世代，人與人之間的互動愈來愈密集，界限卻愈來愈模糊，明明物理距離很遠，但是因為常常看得到彼此的動態，而有假性的親密，稍不留意，就被越界或踩了別人的線。例如，有些臉友你並不熟，他可能看完你的動態分享，就直接留言告訴你該怎麼做才好，彷彿他非常瞭解你的一切。

❖ ❖ ❖

關於心理界限的例子，我想再多談一點跟我們近一點的關係。

當我們對親近的人失去了心理的界限，又會發生什麼狀況？在我的實務工作中，經常會聽到類似的故事。

子棋，一個很努力的年輕人。當同學上了大學，準備玩四年時，她卻得要打兩份工，賺取自己的學費與生活費。畢業之後，有了穩定的工作，扣除掉房租和必要的開銷，剩下來的錢，也幾乎都匯給媽媽。她犧牲了所有自己的享樂，只為了讓母親放心，自己會承擔起奉養的責任，即使再苦，她咬著牙都撐下去。

但是她的母親，因此心懷感謝嗎？如果有，或許子棋就不會那麼痛苦了。

有一回，她因為車禍，機車撞壞了需要一筆修車費，因此那個月沒有多餘的錢可以匯給媽媽。她媽媽居然懷疑她是故意把錢藏起來，竟然連夜坐車北上，只為了跟女兒拿錢好回家繼續賭博。她覺得心酸，可是卻無法拒絕母親的哀求，一次次心軟，滿足母親不合理的欲求。

那年，子棋的媽媽在不知情的狀況下，成了別人的小三。懷孕之後，生父就不知去向，母親忍痛把子棋生下來，並拉拔長大。子棋從小就沒有兄弟姊妹，母親必須要工作，常常放她一個人在家。

童心未泯的她，當然會想要跟母親多親近一些，吵著要媽媽帶她去遊樂園玩，但是媽媽實在太累，沒上班時，就是在睡覺或打牌，根本無法照顧子棋的心理需求。難免一發起脾氣，就口不擇言：「妳再吵，再吵，我就把妳丟掉，看有誰要養妳！」子棋很害怕被遺棄，只好把所有的孤單往肚裡吞。

故事到這裡，不曉得你腦中對子棋母親的想像又是如何？是那種為了錢，不擇手段壓榨子女的模樣？還是成天泡在賭場，藉此麻痺痛苦的空虛靈魂？

其實都不是，子棋之所以無法拒絕需索無度的母親，原因在於媽媽平常狀況好的時候，偶爾會燉雞湯給她喝、天氣變冷，會傳訊息要她多添衣、看到什麼有趣的事物，也會和她分享。種種的一切，都讓子棋覺得自己的付出是值得的，至少她在母親心中占有重要的一席之地。可是只要一不順媽媽的意，媽媽就會瞬間變臉，不斷地重申當年養她有多辛苦，現在女兒長大，翅膀硬了，就會拋下她老人家，只在意自己，讓子棋感覺到十分罪惡。

關心子棋的朋友，曾勸戒子棋說：「妳不能再這樣容忍妳媽了，妳得為自己的將來打算。」但是子棋常常掛在嘴邊的話是：「我也沒有辦法啊！我媽她就是這樣。」因此，子棋不斷地徘徊在「無能為力」與「糾結不滿」的兩種情緒，無法動彈。勸她拒絕母親，她又會覺得自己太殘忍；要她一肩扛起所有的經濟重擔，她又有不少微詞。十分矛盾。

❖❖❖

這個常見於家庭裡的矛盾故事，是否有帶給你一些感觸呢？

進退兩難子棋，明知道給再多的錢，都無法餵飽母親對金錢的貪婪，仍舊飛蛾撲火般，那麼地執迷不悔，她企圖透過這樣的交易，達到什麼目的嗎？別忘了，子棋的媽媽當年不顧眾人的反對，執意把她生下來。因此，不管母親對她有多糟糕，至少還是家人，可以滿足她對家的盼望，離開了媽媽她就沒有任何歸屬。所以即使知道母親對自己的好是有目的的，她仍無法抗拒那份稀薄的愛。

你可能覺得子棋媽媽對待子女的態度是一種情緒勒索，利用子女想要的認同感，換取自己的安全感。但是我看到的是一對母女相互纏勒，原本的宿主被寄生物攀附，吸取養分；等到宿主失去活力，寄生者為了生存，持續壯大自己的能力，讓宿主得以依靠。他們誰也不能失去誰，兩個人一起共構了整個系統。

因為子棋的容忍與包庇，她的母親就可以一直不用去承擔自己的責任、面對生活的壓力。只要子棋戒不掉對母親的依賴，這個遊戲就會繼續玩下去，直到某一方的身心完全被掏空為止。

或許你會不解，難道沒有辦法讓這位母親停止傷害自己的孩子嗎？怪罪或指責別人都是容易的。即使子棋知道母親一直在勒索她，也不等於她有能力拒絕給付贖金。關鍵不在於判斷對錯，而是子棋能不能停止這個輪迴？讓自己避免一再的受到傷害？

換言之，重點不在於證明壞人有多壞，而是我們能夠做什麼讓自己離開危險的處境？以及多花一點時間，好好地瞭解自己容易受傷的體質，究竟是怎麼造成的？要如何調整才能讓身心都健康？

也就是說，子棋真正需要處理的對象，不是那位索求無度的母親，而是她無法堅持自己心理界限的習慣，常常得依靠別人來滿足自己內在核心的需要，藉由各種形式的交換，來證明自己的價值。殊不知，這只是飲鴆止渴。

本書《心理界限》，正是因為深深瞭解，在重視群體和諧的東方文化中，你我從小被灌輸許多似是而非的信念，像是：「吃虧就是占便宜」、「退一步海闊天空」、「以大局為重」……等，以至於遇到衝突時，我們第一時間的反應就是「讓」，而不是把事情說清楚。

當「讓」這個念頭出現在我們的腦海中，代表著你已經撤守了原本的底線，同意對方將領域擴大到你的領土。久而久之，就會有一種被擠壓、侵犯的感覺，讓自己愈活愈扭曲。

特別是人與人互動愈緊密的時候，界限愈容易不清楚。小至隨手使用你的物品，不事先過問、隨意評論你的穿著言行、查看你的手機或行蹤、在你的Facebook上大放厥詞、網路霸凌；大至介入你的生涯選擇、交往對象、教養風格、甚或是要你犧牲個人福祉，以換取整個家族或公司的榮譽……等，讓我們一點一滴地失去自我的掌控與認同。

但是「退讓」，通常伴隨而來的不是更多的「尊重」或「互惠」，而是愈來愈多的「不得不」與「勉強」，當心理的意願沒有被重視時，你的內在空間無法給出好品質的對待。時間一長，你要不是討厭自己，要不就是憤世嫉俗，到最後受傷最重的還是自己。

我很喜歡一句話：「修養是一種美德，然而必要時的強悍，是維持好修養的前提。」如果一昧地以和為貴，只會為我們帶來更多的傷害，那麼我們需要勇氣撥開和平的假象，看清楚問題究竟是怎麼發生的，而不是一直滿足別人的期待，卻讓自己不斷地受傷害。

希望透過本書提到他人的故事，能幫助你瞭解什麼是心理界限、健康的界限對我們的重要性。如果你也意識到自己的界限時常無法發揮作用，常常讓自己處在進退失據的狀態，期待藉由閱讀此書，能幫助你找出受損的原因、洄溯心理界限形成的過程，重新植入對自己有幫助的信念，戒掉被傷害，找回你原有的平衡與自信。

輯 1

無形的界限，有感的痛

胸口卡卡的感覺，是怎麼一回事？

幾個月前，仁華的女友佳靜搬來和他同居。一開始挺甜蜜的，小倆口一起做飯、追劇、逛獨立書店，日子過得十分文青。由於工作上的需要，仁華回到家還是經常得熬夜趕稿，佳靜覺得心疼，堅持一定要陪仁華工作，不肯自己先睡。仁華拗不過她，只好放佳靜在一旁，自己埋頭苦幹。

但是閒不下來的佳靜，覺得韓劇不好看了，開始收拾起家務，霹哩啪拉的聲響搞得仁華無法專心。仁華受不了，開口制止了一下，佳靜覺得委屈，說自己的好意沒有被理解，反而被嫌棄，仁華只好放下手邊的工作，先安慰佳靜，自己不是那個意思。

這樣一折騰，一兩個小時又過了。仁華完全沒有心思和體力再繼續工作，只好悻悻然地回床上睡覺。

隔日，晚睡的佳靜因為爬不起來，不想趕公車上班，央求仁華騎車載她去公司。仁華很想拒絕，因為工作進度已經大延遲，他若再出門一趟，回家得花更大的力氣，把靈感找回來。可是佳靜覺得不過就是半個小時的車程，真的有這麼大的影響嗎？她在嘴裡不停地嘟囔：「以前追我的時候，不管多早、多冷，你都會來載我，怎麼交往之後，人就變了。是因為到手了，不需要珍惜了嗎？」

仁華百口莫辯，只好穿上外套，戴上安全帽，送佳靜上班。就這樣一波三折，仁華早就已經耗盡氣力，只能放空，完全無法做任何正事。但是他心中又十分在意自己的表現，不允許自己對客戶失約。左拉右扯下，他愈來愈不想待在家裡，於是東西收一收，覓了間安靜的咖啡廳，準備好好施展拳腳。

幾個小時過後，佳靜下班了，對於昨晚的爭執有些過意不去，便拐進超市採買食材，準備做仁華愛吃的東西，當作補償。美味的餐點上桌後，佳靜興沖沖地打電話問仁華人在哪？什麼時候回家？

一聽到仁華想要完成手中的任務再回家，佳靜很失落，不停地詢問仁華：「不能先回來吃飯再工作嗎？我花了這麼多時間準備一桌好菜，涼了就不好吃了。」

不管仁華怎麼解釋自己的狀態，佳靜一心覺得自己是為仁華著想，不願意仁華空腹工作，對身體也不好。而且吃飯皇帝大，她堅持仁華回家，才願意吃晚餐。

仁華又陷入左右為難的情況，他既不願意佳靜因為自己餓肚子，又不想勉強自己配合佳靜，搞得自己不上不下，難以喘息。握著手機，仁華心中百般無奈，卻一句話都說不出口，只剩下電話那頭佳靜不停地詢問：「說話啊！你怎麼都不說話……」

低姿態高掌控，入侵你的心理界限

讀完這個故事，你覺得是仁華太過冷漠、不近人情？還是佳靜太過積極、一廂情願？這麼賢淑、體貼的女孩是否應該離開這段關係，找一個更懂得欣賞她的人？

其實有一種互動，表面上無怨無悔、任勞任怨，但是相處久了，被照顧一方的內心，卻絲毫沒有快樂的感覺，反倒像是被困在厚厚的棉被裡，無法動彈，到最後慢慢地窒息而死。

那就是用「付出」創造「控制」、用「犧牲」達成「軟禁」。特別是在親密關係中，如果有一方表示自己需要多一些個人空間，很容易就被解讀成是不愛的證據。為了證明自己並非是玩弄感情的騙子，很容易就會順著對方的劇本走，否定自己的需要。

然而，當一個人內在的心理界限，沒有被尊重，得不停地撤退，以滿足對方對親密的期待時，他的「自我」正逐漸在消失中，直到最後消耗殆盡，只剩下一個空殼，裡頭全是對方設定好的模樣。

心理界限是看不見的，但並非不存在。當你的界限被侵犯時，你會有一種被人在胸口重重掄一拳的感覺。如果這時候，對方又是你很在乎的人，你知道他的出發點是好意，可是卻無法認同對方的做法時，便經常會有一種「會痛，但不能叫」的憋屈感。

一如在這個故事中，絕大部分的人會覺得付出的是比較弱勢的女方，男生不過是坐在那裡享清福，有什麼好不滿意的。而且男生本來就要懂得保護或珍惜女生，實在不應該太計較。這些社會種種的期待與不成文的規定，正是心理界限最容易被擊潰的地方。

一如仁華曾找朋友訴苦，但是說完之後，朋友非但沒有同理他，還笑他人在福中不知福。被誤解的挫折，讓他乾脆就不提了，悶在心中，結果個性變得愈來愈孤僻，也失去了好好經營關係的動力。

什麼是「心理界限」

所謂的「心理界限」，顧名思義就是每個人在心理上能夠接受的極限。超過某個特定的範圍，就會有一種被勉強、逼迫的感覺。

「界限」（boundary）一詞，最先是由家族治療中的結構學派大師薩爾瓦多・米鈕慶（Salvador Minuchin）提出。本來是用以規定在家庭這個大系統中，不同的個體該扮演什麼角色，以及如何參與不同次系統（比如：夫妻、手足、親子）的互動。

因為有了這個界限，我們就會知道大家應該如何相處，哪些事務該由誰負責，哪些行為只存在某一個次系統中，不適合放到其他關係裡。像是夫妻之間的問題，應該

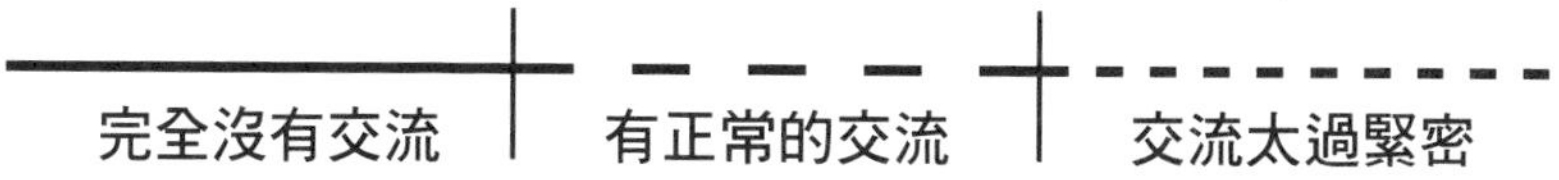

〔圖一〕薩爾瓦多・米鈕慶的家庭界線圖

由爸媽自己解決，如果其中一方找同盟者，比如把小孩拉進入兩人的戰爭，結果很容易就造成系統混亂，嚴重一點甚至會當機，造成整個家庭功能停擺。

而界限並不是固定不變的，會依據不同的事物有些調整。大體上，仍有一個合適的區間。過度緊繃，會造成彼此的關係太過疏離，完全沒有親密與連結可言；過度糾結，也會讓彼此的互動太過混亂，成員會缺乏自主性，太過依賴。

我們將無形的界線有形化，你可以從【圖一】的家庭界線圖，可以很清楚得看出，線的兩端是較為僵固與模糊的界限，中間則是較適中、有彈性的界限。

家庭最健康的互動關係，就是界限適中。這會讓人對關係有歸屬感，同時又保有個人的獨立。必要的時刻，家族成員能夠團結在一起，共同應付壓力，克服困難。當問題消失之後，又能回到各自舒服的狀態中，不需要透過各種儀式或活動，來試探彼此的忠誠。界限清楚的人，可以自由的調配「自主」與「親密」兩種特質，依據不同的狀況，呈現不同的反應。

控制情緒涉入的量，才能保持心理界限的完整

回到一般的人際關係，也是如此。如果沒有心理界限，是很難拿捏人與人之間互動的分寸。所有要求都答應，你就得花費許多力氣去適應周遭的期望，且長久過度委屈的情況下，終有一天受不了，反作用力會讓一個人做出極為殘酷的事。相反地，完全不與人接觸，不關心外在的事物，感覺好像比較省事，可是離群索居久了，情感刺激也會大幅減少，生活會變成一灘死水、索然無味，失去對生命的盼望。

舉一個工作上的例子。

姿瑩任職於一間公關公司，經常需要承辦許多大型活動，擔任窗口的她，得負責滿足客戶的要求，協調各種廠商資源。原本對公關充滿熱情的她，經過一年的磨練，卻愈來愈不喜歡上班，甚至害怕聽到電話鈴聲響起。

原因無他，個性較為隨和的姿瑩，每回遇到客戶臨時追加的任務，即使不在她的

職責範圍內，她都會咬牙答應。因為她很害怕客戶不開心，未來就不跟她合作了。為了讓自己好過一點，姿瑩把這份恐懼合理化成，「只要我盡力讓每一個客戶開心，口碑傳出去，對業績絕對有好處。」

然而，當她替客戶開了一次後門，客戶就會把「例外」當「常態」，經常在活動開始前一兩天，才突然說要加上什麼效果、多請幾個模特兒站臺……等等，搞得姿瑩疲於奔命。

更糟糕的是，由於這些臨時追求的項目，是突然安插進來的，所以她實在沒辦法顧及品質，只能打鴨子上架。但是客戶卻沒有體諒她，總是挑三撿四、雞蛋裡挑骨頭。姿瑩想要的口碑不僅沒有達成，還留下許多負評，搞得她內心十分受傷，到最後失去工作的動力。

❖ ❖ ❖

或許是受到傳統教育的影響，許多人在遇到問題時，第一時間只想要趕快找到一個「答案」，把事情解決掉，就覺得大功告成。很少停下來想一想，問題到底是怎麼發生的？更遑論去釐清問題究竟該由誰來負責？未來可以怎麼避免再度發生。

以至於姿瑩在面對客戶的要求時，很快地就會掉進「問題解決」模式，急著處理對方的問題，而沒有花時間釐清前因後果，結果就是「做到流汗，被嫌到流涎」（臺語），賠了夫人又折兵。

只要她願意靜下來想一想，客戶是出於什麼狀態，才會臨時增加工作？她就會發現，會臨時抱佛腳的客戶，其實內心是充滿焦慮的。由於他們害怕活動效果不好，才會看到別人有什麼，就覺得自己應該也要有，場子才會熱鬧。

事實上，當你認真幫他們完成之後，效果真的會比較好嗎？其實並不一定，有時候太多的花招，反而喧賓奪主，讓來賓忘了整個活動最重要的焦點是什麼。

但是為何即使結果不好，我們還是常常無法堅持自己的專業判斷，而去聽從客戶臨時起意的想法呢？因為我們受到他們情緒的影響，看到對方表現出焦慮或手足無措的樣子，就覺得自己有義務安撫他們。

而最常見的做法就是把他們的擔心吃了下來，變成自己的。卻忘了，到底誰才是真正的專業？需要多少評估才能判斷一個決策合不合理？哪些責任該還給對方，不能被暗渡陳倉？

「例外，只會創造更多的例外！」當你開了一次先例，對方很可能會理所當然地把你的特例當通例，要求你比照辦理。以姿瑩的例子來說，當她把心力放在不是真正重要的事情上，她就沒有其他的時間去做該做的事。以往，要姿瑩去拒絕時，只要好好地說明自己的立場，不需要為對方找補救的方法，是一件比裸奔更困難的事情。

她害怕得罪別人、傷了對方，卻從沒考量過自己的處境。當她把對方的情緒當成是自己的，她就無法保持理性，腦裡只剩下對方的期待，忘了重要的目標。

姿瑩可以理解客戶的擔憂，但是不等於她需要承載對方所有的焦慮。把該還給對

方的交還回去，客戶才能從過程中學會重要的經驗或教訓。當我們把所有的責任都攬下來時，其實就扼殺了對方成長的機會。

有意識地控制自己承擔對方情緒的多寡，才能夠劃清自己的界限，站穩立場。**該由自己負責的一個都不逃，但是不該自己處理的一個都不扛**。如此，才能把事情做好，而不淪落為另一種鄉愿。

我自己很喜歡《脆弱的力量》一書作者布芮尼．布朗（Brené Brown），對心理界限下的簡單註解。她說：「**界限，就是什麼可以，什麼不可以。**」當你的善良有原則，感性有底線的時候，別人才會真正的尊重你。

輯 2

那些被傷害的人們的樣貌

為什麼心理界限這麼重要？

因為真正讓我們感覺受傷，並非肉體的疼痛，而是情緒的衝擊。

假如你一時恍神，沒看到眼前一大面光潔如鏡的玻璃，走著走著，碰！一股腦地撞上去，頭上撞出一大塊瘀青。這時，你可能覺得頭暈腦脹，摸頭還會有刺痛感，但是你並不會太過難受或痛心，頂多跌打損傷的藥擦一擦，就沒事了。

但是同樣的瘀青，不是因為自己閃神，而是被心愛的人毆打，恐怕就不只是頭暈而已，更是心如刀割。你之所以感覺到更強烈的痛苦，並不是傷害生成的原因（撞擊或敲擊），而是情緒的衝擊加重了我們內心的脆弱。以至於就算傷口復原了，你心裡仍舊殘留害怕與恐懼。

正因為情緒感染和影響的程度，會比生理上的創傷更為快速與猛烈，如果沒有健康的心理界限作為情緒的防護罩，幫助你淡化感受、專注在反應上，我們就會把別人的情緒當成是自己的。當所有的感覺融合在一起之後，你會分不清楚誰才是主體？什麼才是你真正該在乎的？生活就很容易變成一團混亂。

換言之，心理界限存在的意義，正是為了幫助人們控制情緒進入的量，不至於太過冷漠或太過投入，保持在一個適合的距離與外界互動。

你可以把缺乏心理界限的人，想像成一個沒有「輪廓」的人。一個物品如果沒有輪廓，你是不是不知道該怎麼拿取，甚至連踢到它都不知道，因為你根本就沒感覺。同樣的，一個人如果沒有界限，你會不知道如何與他相處、拿捏距離，怎麼樣算太近？怎麼樣又會太遠？做哪些事情會讓對方不開心？因為他可能從來都不表達，甚至麻木了。

但是，我們要怎麼知道自己是不是界限模糊的人？或是身旁有哪些人有這樣的狀況呢？我在接下來的篇章裡整理了五種典型，是在缺乏心理界限的人身上，很容易發現到的特質。

作者悄悄話

每一章，我都會透過故事讓大家認識缺乏心理界限的人，在各種關係中，如工作、家庭、愛情、友情或家族，是怎麼一點一滴失去自己的原則，勉強自己承擔不屬於自己的責任。並分析每一個案例之所以無法堅持界限的成因、迷思和內心的害怕。

然而，心理現象的形成通常很難歸結到單一因素，往往是許多先天和後天的因素共同造成的。如果每一個案例都要詳細說明，恐怕會非常的龐雜。因此，為了書寫和閱讀流暢起見，我會擷取每個故事最明顯的成因、迷思和恐懼，讓人一目瞭然。但是不等於這個章節提到的理論或觀點，就不會發生在那個案例。

如果你發現自己的親身經歷符合某個故事典型，心裡常出現的小聲音卻比較接近另一章描述的迷思，別有太大的困惑，這是有可能的。畢竟在日常生活中，我們常常因為不同的理由，而無法拒絕他人的要求。

鼓勵你把每個不同案例的成因、迷思和背後的動力都放入自己的生命裡想想，發現自己有沒有經常受到某種觀念影響，很可能那就是你經常受傷的盲點。問對問題，會比急著解決來得更重要喔！

為什麼不招搖、守本分，滿足大家的要求，我還是受傷了……

◆你可能會有的心理感受——

自責：都是我錯吧？

無力感：不管我做什麼，大家好像都沒看見？

隨和：配合大家比較好吧，我好怕爭吵的場合。

退縮：別人會稱讚我，一定只是場面話……

一提到沒有界限的人，我們通常很快的會聯想倒退縮、對自己比較沒有信心的人。這些人很容易因為太在意別人的看法，而無法拒絕不合理的要求，讓自己疲於奔命。或是明明是別人的錯，卻總是先檢討自己，懷疑自己是不是沒把事情做好、或沒把話講好，才會讓結果不如預期。

便利貼女孩

惠蓉的母親因為難產，生下她之後沒多久就過世了，父親一個人無法兼顧工作和小孩，不久就再度續絃。

惠蓉記得爸爸和阿姨（繼母）結婚之後，就時常有口角。每回他們吵架，惠蓉就躲進棉被中發抖，即使把耳朵摀上，仍不時傳入一兩句話語：「要不是因為你女兒，我們早就有錢買車了……」、「你女兒身體這麼差，三不五時感冒，花這麼多錢看醫生，真浪費……」

這些話仍舊刺傷了惠蓉小小的心靈，她總覺得所有的問題都是自己造成的。

後來繼母生了弟弟，做爸媽的理所當然認為惠蓉應該負擔照顧弟弟的責任。可是惠蓉的年紀還小，根本沒有能力完成許多困難的家事，因此常常打破碗、摔壞東西，讓媽媽常生氣指著她鼻子大罵或向先生告狀。爸爸在外忙了一天，下班又累又煩，聽到太太的抱怨，心情更不好，便不分青紅皂白地教訓惠蓉。

惠蓉常常想著，如果她不存在，是不是爸媽會過得比較好？於是，她從小就很怕造成別人麻煩，總是一個人默默躲在角落，儘量不引起注意。好不容易長大了，有了一份穩定的工作，便搬出來自己住，擺脫寄人籬下的生活。但是惠蓉卻發現，生命並沒有變得比較輕鬆、簡單。

在工作上，主管常常臨時交辦給她許多工作，讓她無法準時下班，必須加班才能把事情做完。有時，辛辛苦苦完成報告，遞交到主管桌上，主管看沒兩行便開始數落：「這麼爛的行銷方案，會有人買嗎？妳有沒有市場敏感度啊？」

面對主管的質疑，不論惠蓉有多麼堅定的立場或有利的數據，她第一時間都是連忙道歉，常把「對不起」掛在嘴邊。唯唯諾諾的姿態，儼然像個便利貼女孩，完全沒有尊嚴可言。

此外，惠蓉很害怕自己的想法跟別人不一樣，若同事詢問她的意見，她總是笑笑地說：「大家覺得好就好，我都可以。」或者，「這個我不懂，你還是問問其他人吧！」甚少提出自己的觀點。

任何人請她幫忙，她幾乎都會答應。如果對方肯定惠蓉的努力或付出，惠蓉又會抗拒，推掉對方的善意，完全收不下任何的稱讚。她就像蠟燭，不斷地燃燒自己，點亮別人。

而組內的前輩看惠蓉好欺負，就經常擺爛，把自己的工作移花接木到她身上，惠蓉也沒有捍衛自己的權利，沒有向上級反應，便默默把工作做完。等到開會時，前輩又搶著邀功，誇誇其談自己的豐功偉業，彷彿幾天幾夜爆肝、熬夜的人是他，不是惠蓉。面對這一切不合理的對待，惠蓉總是以大夥都是一家人，不需要太計較帶過，甚至連生氣的念頭都沒有。

❖ ❖ ❖

如果用一句話形容惠蓉，便是，「永遠對壞事說 Yes，好事說 No。」

長時間和自己的感受斷裂，讓惠蓉的內在一直是匱乏的，她沒辦法靜下心來好好地釐清自己的想法、做些快樂的事情，滋養自己。對自己有許多的懷疑，總覺得別人比較優秀，自己是添麻煩的那個人。她知道自己不快樂，卻不知道該如何表達，很怕自己說出來會傷了別人，心中有很多的擔心。

我們在【輯一】中提到，結構學派的創始人薩爾瓦多．米紐慶認為，界限，是維持一個家庭是否能順利運作的重要機制。有了清楚的界限，家庭成員才會知道他應該扮演哪個角色？處於何種位置？假使系統中的界限變得模糊，甚至不存在，那麼成員就會跑到不屬於他的位置，去執行功能不相稱的工作，於是「親職化」的小孩就被製造出來了。

所謂的「親職化」，用白話來說，就是一般人常說的「小大人」。年紀輕輕，卻擁有超乎同儕的心智，經常給人一種早熟、懂事、體貼、乖順的感覺。他們通常會把父母的需求放在自己之前，覺得自己得幫忙「做些什麼」，否則就是不乖，或有強烈的罪惡感。

如果再把親職化定義得更細膩一些，可以分成：「功能型小大人」和「情感型小大人」。在這個故事中，惠蓉的慣性思維很符合「功能型小大人」的描述。（情感型小大人，將會在輯二中「父母的情緒配偶」案例中說明）

功能型小大人：你是老大，你就得幫忙

功能性小大人在東方社會很常見。通常媽媽生下第二胎之後，家裡的「大人」會跟第一個孩子說：

「你是哥哥／姊姊，以後要照顧弟弟妹妹。」

「當人家的哥哥／姊姊，讓一下有什麼關係！」

「你這個當哥哥／姊姊的人，要做弟弟妹妹的榜樣啊！」

然而，這些哥哥姊姊不過也只大弟妹兩、三歲，在仍舊需要父母關愛的階段，就被迫長大。因此，他們常常為了贏得父母的認同與關注，而壓抑個人的需要，接受父母投射在他們身上的期待，把注意力轉向當一個「乖小孩」，肩負起照顧弟妹或部分的經濟壓力。

對這些小大人而言，當他們必須自立自強照顧家務與其他手足，被忽略、孤單、不重要的感覺，也隨之而來。以至於他們長大後，即便離開原生家庭，仍舊無法改掉這個習慣，會把許多不屬於自己的責任與壓力攬在自己身上，難以拒絕。他們老是在滿足別人，卻不懂得善待自己。

總而言之，惠蓉總是把自己照顧好，很獨立，不讓人操心，還會下意識地照顧人，卻無法接受他人的協助與善意。只會不斷地掏空自己，直到油盡燈枯。

便利貼女孩的迷思

這類型沒有自信、總以他們意見優先的人，內心常有兩種典型的迷思。

迷思1　我不應該讓別人不開心

由於童年的成長經驗，惠蓉背負著父母失和的原罪，不管他們一開始是因為何事而吵架，吵到最後都能跟她扯上關係，指著蕙蓉吼：「都是因為妳！」更讓她覺得這一切都是自己的錯。

這樣的經驗讓惠蓉對於情緒的波動很敏感，有任何一點風吹草動，她都覺得是自己的問題，而別人的想法、看法，永遠先於自己的感受。因為「不想看到別人不開心」，以至於她無法明快地做出拒絕，總會因為別人的一個皺眉，而做出妥協。

在心理學中，人們為了生存，會發展出一套防衛機轉，以避免或減輕心理上的痛苦、緊張或焦慮。惠蓉夾在父親與繼母的情緒戰爭中，無形間將他們的憤怒吞進身體裡，認同了他們對自己的看法與評價，覺得自己就是一切問題的始作俑者。

特別是自信較不足的人，由於自我概念較為負面，缺乏對自己或生命的意義感，因此他們會把外界的眼光或評論當成是自己的核心觀點，分不太清楚內在經驗與外在現實，經常會融合在一起。把別人的不開心，都當成是自己的責任。

迷思2 設立界限，就是難搞的人

另一個卡住惠蓉讓她承擔過多的責任的信念，便是她擔心一旦說出自己真實的期待或需要，就會被貼上「龜毛」、「機車」、「奧客」……等難以相處的標籤。

其實，擁有健康的心理界限和堅持己見、毫不退讓是兩碼子事。有健康心理界限的人，不僅明白自己要的是什麼，同時有能力清楚地表達。因為他知道沒有人有義務猜中自己的心思、自動滿足自己所有的想像，所以把自己的想法交代清楚是關係靠近的第一步，目的是減少不確定感帶來的猜忌。但是他也曉得說出來不等於別人就一定買單，需要透過良好的溝通，才能找尋出彼此都能接受的方案或共識。

可是堅持己見，就是完全的自我中心，不在乎他人的處境與狀態，一意孤行，絲毫沒有轉圜的餘地，才會被冠上「難相處」的帽子。這兩者之間還有很大的模糊地帶，需要視情況而定，可是對自己較沒信心的人，他們的思考會比較僵固，一旦認定了就很難有鬆動的機會，因此很容易陷入「全有全無」的二元對立思考中。

內心真正害怕的是——害怕被眾人孤立

然而，在這些信念背後，有一個最大的恐懼，以致於惠蓉就算發現自己的想法有缺陋，她仍然很難做出改變。當中最大的原因便是：「害怕被孤立。」

以惠蓉而言，由於她一出生就失去母親，在她最需要人照顧、關愛的時期，經常是被忽略、被疏離的，無法透過照顧者的反應來證實自己的感受合不合宜，因此對自我價值一直是懷疑、模糊的，必須透過討好、順從，來贏得爸爸和繼母的關愛。

而被排拒的經驗，也加深了惠蓉生存上的焦慮，以至於她很害怕在團體中被孤立，為了讓自己在關係中有一個安全的位置，不會被討厭或陷入人際風波，她選擇關掉自己所有的感受和意見，隨波逐流。以他人的想法為依歸，不斷地妥協與遷就。

你可以說她是好好小姐，但是這種讚美背後隱射的是沒有原則。以至於同事在開會或討論事情，不考慮她的立場，而她也自覺不論自己多努力，好像都沒人會在乎，彷彿是辦公室的隱形人。

心理學相信當事人所做的每一個抉擇，都是當時他認為最合適的做法，在那樣的情況下，會發揮最大的極限，因為人都是趨樂避苦。只是我們經常活在錯置的時空，人長大了，策略沒有跟著調整，以至於過去能為自己帶來好處的方法，放到現在變成痛苦的來源。這都是因為缺乏因時制宜。

你可以把心理策略想像成一件衣服。十五歲時穿起來好看的外衣，放到二十五或三十五歲，很可能不合身或穿起來彆扭。但是並非全是那件衣服的過錯，而是你不同了，身分也改變了，需要不一樣的裝扮。可是人常常會貪戀過去的美好，而不願意嘗試新的可能，以至於我們老是面對著過去，背對著未來，而讓舊回憶成為阻礙自己的理由。

如果惠蓉沒有意識到，自己是因為不得已、因為自己還是一個小孩子，所以只能先用討好、順從，來讓自己生存下來。但是時至今日，她已經長大了，擁有不同的能力與資源，不用再依附於任何人底下，早已有能力照顧自己，獨立生活。她就會持續用這個策略來讓自己感覺到安全，可是代價就是她必須犧牲自己的獨特性，以免引人注意。這個她最熟悉的做法，正是帶給她痛苦的來源。

直到有一天，她能體悟「把自己說清楚」不等於「違抗父母」，以及父母的婚姻問題是來自於溝通不良，她只是代罪羔羊，並不是她的責任。她才能慢慢地長出自己的聲音，不再害怕被看見。

❖❖❖

看完了惠蓉的故事，回到你身上，你也是一個覺得表達自己的想法很困難，害怕衝突的人嗎？每一次只要意識到對方快生氣了，就配合對方的做法，壓抑自己的感受？或許，你可以想一想，這麼多年下來，你使用這個策略，真的有讓自己活得比較快樂、滿足嗎？還是你覺得愈認真、反而愈挫折？很可能你以為的「以大局為重」，看在別人眼中是「懦弱無能」的表現。

勇於表達自己的想法，不一定要和別人吵架。但是你不說出自己的看法，別人只會把你當背景，更不會因此喜歡你、接近你。也就是說，你想要的不可得，你不樂見的卻一定會發生。

既然沒人敢保證，在關係中怎麼做一定不會被孤立，倒不如讓真實的自己有機會出來呼吸，至少你還保有自我，可以當自己的啦啦隊。其實沒有人能夠真的孤立你，除非你自己先選擇了在乎，並繼續留在讓你痛苦的關係當中。唯有你先尊重自己，別人才會把你放進心裡。

為什麼我這麼盡心盡力，你們還是覺得我做得不夠好？

◆你可能會有的心理感受——

你們的事，為什麼不能自己解決，硬要把我拖下水？

我知道你說的那些話不是真的，但我就是無法不在意？

我怎麼做，你都不滿意，難道只有聽你的話才是對的嗎？

算了，我反對也沒用，到最後，還不是得照他的話做？

不曉得你有沒有這種經驗，從小到大不管你再怎麼努力表現，用功念書爭取好成績、或是認真工作求取成就，爸媽從不肯正面肯定你，只會不斷地潑你冷水，要你別太驕傲。你不停地追，希望他們看見你的好，但是他們似乎只在意自己的苦悶，無法理解你的苦衷。

父母的情緒配偶

從妍熙小時候開始，她的父母總為了錢吵架，每回爭執結束，爸爸就會跑出去喝酒、四處遊蕩，媽媽則是會躲進她房間，開始哭訴自己遇人不淑、天生命苦，才會嫁給這種人，最後拉著妍熙說：「妳那沒有用的爸爸，我是不可能再依靠了。妳一定要認真念書，媽媽將來就指望妳了。」

抱怨的話聽多了，妍熙也開始討厭爸爸，把爸爸當做陌生人，故意不理睬、不互動，惹得爸爸更為生氣，常常借酒裝瘋，出言不遜。妍熙受夠了爸爸的無理取鬧，發誓將來長大，一定要賺很多錢，讓媽媽過上好日子。就這樣妍熙硬生生把自己卡進父母的婚姻關係中，漸漸地和母親同盟、父親疏離，把家庭的重擔攬在自己身上。

不管妍熙做得再多，媽媽的抱怨從來就沒有減少。小時候，妍熙考完試，興沖沖地拿著一百分考卷回家，想讓媽媽開心，結果媽媽非但沒有讚美她，反而酸言酸語：「會念書又怎樣，將來嫁人，還不是只能在家裡做牛做馬。」讓妍熙非常挫折。

長大之後，妍熙努力工作，存錢帶著媽媽出國度假，結果媽媽一路嫌東嫌西，批評她浪費錢。妍熙試遍各種方法，始終無法讓母親覺得滿意。每次回家，媽媽只會一直找她碎唸爸爸又幹了什麼好事、不事生產，整天只會出一張嘴說大話、菜煮了不合胃口，還會挑三揀四，一定是上輩子欠他太多，這輩子才會這麼辛苦。

不管妍熙怎麼苦勸、開導，甚至勸他們既然在一起這麼痛苦，乾脆離婚，眼不見為淨。媽媽總是有一套自己的說詞，否決妍熙的提議，說她太自私，沒有考慮過媽媽的處境。

妍熙若表現得不耐煩，或是試圖制止媽媽吐苦水，媽媽就會一把鼻涕一把眼淚地說：「我辛辛苦苦把妳養得這麼大，不找妳說，我找誰。」或是：「翅膀硬了，就不要媽媽了。」讓妍熙覺得愧疚，怎麼連聽媽媽說話這麼簡單的小事都做不到。

後來，妍熙覺得累了，不想再管爸媽的婚姻問題，決定追求自己的愛情。可是不論她帶什麼樣的男朋友回家，媽媽總是說：「這個男人配不上妳，妳不要被甜言蜜語給騙了。」

有一次，妍熙受不了，對著母親吼：「我怎麼挑，妳都有意見，到底談戀愛的人是妳，還是我？」

母親有些訝異，一直對她百依百順的妍熙竟然會忤逆她，很害怕女兒會像丈夫一樣冷落她，口氣便不再那麼強硬，略顯示弱地說：「我只是好心提醒妳，不要步上我的後塵，嫁一個沒前途的男人，到最後吃苦的人是妳。妳真要嫁，我也攔不住妳。」

即使知道這些話有毒、不全然是真的，妍熙就是無法違逆母親的意思，選擇自己所愛的人。只要媽媽不點頭，她就不會跟對方繼續來往。以至於她一再地錯過適合的對象，也錯失了適婚的年齡。最後，遂了她母親的心願，終生不婚，成為媽媽唯一的依靠。一句：「媽媽只剩下妳了，妳千萬別讓我失望。」成為妍熙丟不掉的包袱。

❖❖❖

透過這個例子，你可以很清楚得看見，一個失功能的丈夫是怎麼造就一個寂寞的媽媽、一個痛苦的孩子，以及一整個失衡的家庭。

從家庭治療學派的觀點來看，妍熙承接了父親應該扮演的角色，讓自己成為母親的「情緒配偶」。也就是我們在【輯二】一開始時預先提過的另一種「情感性小大人」類型，這類型的人過度將自己的情緒與父親或母親其中一方融合，取代了爸爸或媽媽原有的配偶角色，成為父親或母親的情緒伴侶，提供他們所需要的慰藉。

如同妍熙的媽媽，因為對自己丈夫失望，轉而向妍熙尋求情感上的支持，以淡化自己在婚姻裡的孤單感。然而，一個缺席的父親，勢必會造成一個焦慮的媽媽，她必須重新將重心放在孩子身上，不然會失去心理平衡。

尚未有分辨能力的孩子，在沒有長大之前，就被賦予如此重要的任務，不知不覺接受了媽媽的暗示，認同了爸爸的無能與媽媽的無奈，成為父母婚姻裡的第三者，心理發展與人際關係，當然會受到影響。故事中的妍熙，首當其衝的是，她很難對媽媽以外的人，培養出真正的親密與親近，心裡隨時準備好回家遞補那個缺席者的位置。於是，就算後來有機會成立自己的家庭，她所選擇的伴侶，又複製這樣的關係模式，成為被冷落、忽略的一方。

同時，你也會發現在情感型小大人的親子關係裡，「情緒勒索」是經常出現的戲碼。因為當事人過度與父母親其中一方情緒融合，也因此，只要爸媽在言詞上，稍微嚴厲或壓迫（例如：「我養你這麼大，你怎麼可以這樣對我呢！」），他們就覺得難以承受，覺得自己必須滿足父母的需要，否則就會有愧疚感。他們經常是以爸媽看待自己的態度來認定個人的價值，很難有健全的自我概念，相信自己是值得被好好對待的。因此，他們的心理界限往往是很模糊且脆弱的，很容易受到他人的影響而改變自己的決定。

他們在生活中會不斷地交出控制權，以換得他人的認同感（特別是權威者：父親、母親、老闆、老師），也就是「綁匪」和「肉票」的關係。換言之，「情緒勒索」和「心理界限」經常相伴而生。情緒勒索要能成立，被勒索的一方往往是很難對勒索者，明確地說出自己的原則並堅持到底。反過來，一個人若很清楚自己要什麼，不能接受什麼，就算別人威脅、恐嚇、情感逼迫，也能難讓他改變動搖。

值得注意的是，習慣界限被侵犯的人，有朝一日，成為有權力者，一反手很可能也變成勒索者，用同樣的情緒創造對方的愧疚感，讓他人覺得不管怎麼做，他都有意見。即使有能力改變也不願意行動，情願把自己放在受害者的位置。他們複製了上一代的行為模式到自己的關係中，無形中變成了自己當初最討厭的人。從此這樣的處理模式就被固定下來，變成一種難以打破的鏈鎖反應，不停在世代間傳承、複製，也就是所謂的「家庭魔咒」。

父母的情緒配偶的迷思

這類型的受傷害者，每回遇到父母的問題，迴盪在他們心中的，通常會有以下兩種迷思的聲音。

迷思 1　只要我再努力一點，我就能改變他

你在妍熙身上可以感覺到一股力量，默默地推著她走向拯救者的位置，即使她知

道再付出下去，情況並不會好轉，但是她仍舊無法擺脫宿命的輪迴。

心理學家卡普曼（Karpman）博士發現，人與人的互動經常會重複出現沒有明說的心理遊戲，而幾乎所有的心理遊戲都會有：迫害者、拯救者和受害者這三個角色，他把這個現象稱之為「卡普曼戲劇三角形」（Karpman Drama Triangle）。人們在三角形裡的角色，並非固定不變，會隨著不同的狀態不停地輪換位置。

最常見的互動就是受害者向拯救者尋求支持，拯救者伸出援手，激怒了迫害者，讓他變本加厲地傷害受害者，或者遷怒於拯救者。此時，原本的拯救者有可能就會變成受害者，而受害者也可能反過來調解，變成了拯救者。

就像在我們在這裡舉的故事，媽媽把滿腹的委屈向妍熙傾訴，妍熙認同了媽媽的可憐，覺得自己應該做點什麼事情保護媽媽：一起指責爸爸的不是、故意說一些話刺激爸爸、不給爸爸好臉色。而爸爸感受到被排擠之後，覺得父親的權威受到挑戰，只好更用力地管教小孩，結果造成親子間更大的隔閡。

不幸的是，當妍熙自認為在幫媽媽出一口氣，一起抵制爸爸的荒唐，她就無法去看見，爸爸身為一個男人的壓力與痛苦，他被社會期待賺取足夠的金錢養家，若沒有達到標準，就會被老婆嫌棄、小孩也看不起他。在扮演加害者的同時，他的面具底下藏著深深的挫敗感，是不折不扣的性別受害者。

而那個看似最無助可憐的媽媽，在不斷地把苦水倒給小孩的同時，其實也扼殺了孩子的快樂，壓迫孩子一夕長大，好讓自己得以依靠，繼續當一個依賴者。她是婚姻裡的受害者，也是不停向孩子索討的加害人。

換言之，如果妍熙沒有看懂這整個模式，她就會想要用自己的方法改變爸媽。也許是更加地努力，拯救媽媽離開這段婚姻，或是不斷地挑釁父親，告訴他怎樣才算是一個好爸爸、好先生。當她陷入這段三角關係中，她就會想要控制，改變局勢，卻忘了爸媽的婚姻問題並不是她的責任，也不是她身為女兒的位置能改變的事，一心一意投入的結果，很可能到最後變成了烈士。

無論妍熙再怎麼努力，媽媽和女兒的相處關係裡是不會感覺到快樂的，即使媽媽嘴上對爸爸有再多的不滿，內心真正渴望的還是擁有一個疼愛她的丈夫。妍熙是不可能取代父親的位置，只能做一個永遠無法扶正的小三。同時，妍熙的允許與縱容，也會讓母親有了同盟的錯覺，認定了：「自己沒有錯，一切都是那個男人造成的。」而不用面對自己的責任，負擔起改變的義務。

沒有人可以改變任何人，除非當事人自己願意。不管你的出發點有多良善，只要對方不是發自內心的調整，當情況和他想得不一樣的時候，他就會把責任丟給你，認為是你的錯。

迷思2 他們是我爸媽，我必須聽話

當我們年紀尚小，只能仰望父母照顧、撫育我們的時候，我們很容易放大父母的能力，覺得他們無所不能。父母是我們的天與地，如果沒有他們就沒有我們。以至於我們會把自己過多的期待投射在父母身上，覺得他們應該要知道，或者要能擁有某些能力，才能配得起我們對他們的崇拜與愛戴，卻忘了他們也是人，也會有自己的困難與不足。

我們從小被教導著要聽父母的話，他們所做的一切都是為我們好，隨著我們慢慢地長大，你會發現爸媽並不如想像中完美，他們可能會說一套做一套、有他們的軟弱與害怕，你開始覺得生氣、困惑，不知道該不該繼續聽從他們的話。

這段時間會非常地掙扎、拉扯，但也是青春期的孩子最重要的發展任務，透過獨立思考的能力，慢慢地明辨是非，知道自己是誰，從自己的行動與選擇中，確認個人的價值，有完整的自我概念，不再需要依靠爸媽的認同來證明自己的重要。進而真正的成熟，脫離原生家庭，建立屬於自己的親密關係與家庭。

可是在東方的家庭中，爸媽的權威地位是不容被質疑的，孩子被訓誡要聽父母的話，才是乖巧、孝順的，如果不是這樣就會被否定、貶抑，貼上「壞孩子」的標籤，而無法對產生好的自我認同。因此，很多孩子即使長大成人，對自己的認識依舊非常模糊，腦子裡只裝滿了父母或社會的期待與要求，當醫生、做老師、結婚生子……習慣「聽話照做」。

這樣的模式並不會隨著年齡增長而消失，相反地會被強化，變成在家裡聽父母的話，出了社會之後，便把思考和判斷的責任轉移到另一個權威者身上，比如老闆、主管，習慣等候指令才開始動作，害怕多做多錯。無法說出自己真正的想法，對於衝突有很深的恐懼。使得自己終其一生都活著很委屈、彆扭。

其實適度的叛逆，是建立個人界限重要的嘗試，在過程中知道自己想要什麼、不喜歡什麼。當父母能允許孩子挑戰權威，他們才能夠開始思考，有自己的觀點，而不是別人想法的複製品。如果你生長在這樣高壓的環境，雖然你不能選擇自己的爸媽，以及他們教養你的方式，但是你可以重新定義他們在你心中的位置，從不可侵犯的位置，到看見他們背後承載的壓力與難處，你就不會對他們抱持著太大的期待，進而將他們的情緒隔開來，好好地做自己。

唯有當你能把爸媽當作是一個人看待，而不是父母，你才能脫離孩子的依賴，不再企圖從爸媽身上尋求肯定。**你可以不是爸媽理想中的孩子，他們也可以不是你心目中完美的父母，但是你們依舊能彼此相愛。**

內心真正害怕的是——害怕失去連結

或許，你會覺得妍熙和爸媽的關係太糾葛，都已經是大人了，為什麼不能開啟自己獨立的生活，不介入爸媽關係的角力，反正這麼多年吵吵鬧鬧也沒出過大事，放著不管，爸媽的狀況不一定會變糟，卻可以保全自己活得更好？

其實，每一次離開家，妍熙都是這樣想的，但是接到母親的來電，她又會心軟，覺得自己有責任調節他們的紛爭，聽媽媽說說話，否則很快地就會將自己的「冷漠」和「不孝」劃上等號。

讀到這裡，聰明的你早已經知道缺乏界限會對自己造成什麼傷害，但是反過來，你可曾想過「不設界限」又有什麼好處呢？不然，為什麼會有這麼多的人，情願保持模糊，也不願意畫下彼此的界限？

好處絕對是有的，否則這個行為就不會被留下來。沒有界限，代表你與對方在心理上是不分彼此的，你的快樂是他的，他的悲傷也是你的，特別是在情侶熱戀階段，這種感覺會更為強烈，覺得彼此融為一體、合而為一。這帶給我們很大的親密感，也滿足了我們內心的依賴並提升了安全感。

由於這樣的連結太過強烈且美好，因此，我們寧願忍受一些小小的不順，也要維持那種一體的感覺。但麻煩的是，我們終究是獨立的個體，時間一長，各自的喜好與觀點就會跑出來，造成彼此的矛盾。

這時候界限不清，給了人們一個很好的理由，可以把責任推給別人：「都是因為某某某的錯，我才會這樣。」於是，妍熙可以把問題推給媽媽，因為媽媽的關係，她無法追求自己的幸福；媽媽可以把過錯推給爸爸，因為這個男人，讓她賠上了青春歲月；爸爸可以把壓力推給婚姻，因為要養家活口，他得在外面跟別人低聲下氣。

沒有人願意用自己的角度說：「我是為了自己做這個選擇的，我願意承擔這個決定必須付出的代價。」因為當他這麼說的時候，好像就和對方切斷連結，再也不能享受那種有人跟你一起「扛」的感覺。只要自己還有被需要的理由，就不會那麼孤單。殊不知，這種假性的親密，反而阻礙了彼此真實的靠近。

許多心理界限不清的人，因為需要自己被需要，所以情願留在一段心力交瘁的關係，至少還能得到關注與連結。但是請別忘了，想要在錯的人身上，找對的答案，猶如刻舟求劍，拖愈久，代價愈高。你的委屈成全不了任何人，更換不回對方的疼惜，只會讓自己愈努力、愈挫折。

唯有你的心理界限清楚了，你與他人的連結才是一種對等的互動，而不是一場關係的交易。兩個空虛的靈魂，是無法讓彼此感覺到真正溫暖的。

你必須懂得讓自己快樂，這世界才會跟著你微笑。

為什麼多做，到最後變成我的錯，我有一股悶氣，不知道該對誰說！

◆你可能會有的心理感受——

好悶：怎麼都變成我做，大家都裝傻。

尷尬開不了口：我無法拒絕別人，怕他們又說我明明會做，又小氣不幫忙。

好累：總有別人的事情一直進來……

心理界限不清的人，不僅僅會發生在對自己比較沒有自信的人身上，那些外表看起來能力很好、功能健全，十八般武藝樣樣精通的好學生或好小孩，更是高危險群。電影《蜘蛛人》（Spider-Man）有一句很經典的臺詞：「能力愈大，責任愈重！」這句話乍聽之下還真的挺崇高的，犧牲小我、完成大我，多豪氣啊！然而，這樣的教條，卻也讓許多優秀的人們，承擔了很多不屬於自己的壓力。

我們直接來看一個職場的案例，你會更瞭解當中的動力。

好累的蜘蛛人

瑞廷是一家跨國生技公司的高階領導人，公司的組織雖然有先來後到的階層區分，但彼此之間並不是強制性的從屬關係（老闆對員工）。而瑞廷多年的工作歷練，讓他擁有一身好本領，不論影片剪輯、配樂、演講、企劃……等任務，全都難不倒他，且在緊急時刻特別能派上用場。但是瑞廷的惡夢也正來自於此。

由於這個團隊沒有上下關係，也沒有專人統籌，所以常常在活動前一個禮拜，才會發現某些事情一直沒人執行。像是有次活動召集人，在晚會開始前一天，才發現一支重要的影片還沒完成，眼看就快要開天窗，召集人只好拜託瑞廷，請他務必趕出數十分鐘的短片，他只好徹夜不眠地把自己綁在電腦前，才能完成如此艱鉅的任務，順利拯救殘局。

危機高手的「好名聲」傳出去之後，從此瑞廷變成萬年救火隊。任何跟團隊有關的事宜，大家都會找他幫忙，且內容包羅萬象，像是統計遊覽車、安排座位、搭建舞臺、聯繫廠商……等，大大小小的雜事都跟他有關，讓他不勝其擾，生活嚴重被打亂。

他不只一次在開會時提議，希望大家可以提早規劃、做準備，活動品質才能提高。可是大家往往是當下應和，事後依舊推三阻四。每次都火燒屁股了，才來呼天搶地。有時，瑞廷也會受不了，想要婉拒對方的請求，這時只要對方說：

「這麼多人因為信任你，才加入組織，你不幫忙，有點說不過去。」

「難道你忍心看著他們什麼都不懂，自己瞎掰亂說，被親友打槍，回來挫折沮喪，再找你抱怨嗎？你付出一點點，卻有好幾百人受惠，這樣的回報是很值得的。」

「你今天有這些成就，也是當初前人的貢獻你才有機會達成，做人要懂得飲水思源啊！」

聽完這些話，瑞廷就會開始檢討自己，是不是太小氣了？沒有「顧全大局」？但是對方食髓知味，根本不會想多學習，每次都裝傻裝弱，反正最後總有人出來擦屁股。一句能者多勞，讓瑞廷猶如啞巴吃黃蓮！

❖ ❖ ❖

瑞廷的遭遇並不是特例，這樣的文化經常會發生在「封閉」的環境中，例如政府或學校單位。因為人員聘請與解僱的限制多，在無法淘汰積弱不振的成員下，主管常常會把許多工作丟給認真又有才幹的同仁執行，而那些無能的冗員，反而可以在一旁休息納涼。在相對剝奪感的作用下，能力愈好的人會覺得自己的優秀不僅得不到獎勵，還是一種變相的懲罰。

我常常跟朋友說：「別人的對待，是自己教出來的。」為什麼能力好的人，經常會變成團體的救火隊、組織裡的廉價勞工？其實並不全是身旁的人刻意壓榨，而是他自己也允許了這種情況一再發生。

不少人有一種錯覺，那些從小表現優異、能力超群的孩子，將來長大之後，出了社會，一定比較能言善道，懂得為自己爭取權利。其實，心理界限並非一種具體的技能，更不是天生具備的才能，而是後天刻意培養的效能。

「心理界限」就像是人們常說的「心理素質」。若以運動員為例，心理素質反映著運動員在面對比賽時的抗壓性、挫折忍耐力、競爭意識和EQ。但是這些素質平時是看不見的，唯有在他們真實上場、和對手角力，才能分出高下。透過選手的技術表現（比如：網球選手是揮拍、棒球選手則是打擊），是超乎水準，還是失去準度，我們可以推論他的心理素質目前是什麼狀態。

如果把心理素質比喻成運動員的靈魂，那麼專業技巧就是讓這個靈魂得以發揮的媒介。更重要的是，運動員的心理素質並不是從他們踏進體育場的那一刻就具備，而是透過一次次的練習和比賽，磨鍊出強韌的心智。

同樣的，回到一般的人際互動中，心理界限反映著一個人面對衝突和差異的強度。特別是當他發現自己的想法與別人不同，而且已經造成自己的不快時，他能不能適當地表達出來，並明確地捍衛自己的立場，可以區分出此人的界限是清楚的、還是模糊的。也就是說，「溝通能力」是心理素質得以發揮的橋梁，並影響界限維持的成果。少了折衝協調的能力，即使你心裡知道被對方踩了線，也不見得有能力反擊。

一如瑞廷雖然知道團體裡其他人的做事模式，讓自己覺得很困擾，但是每回提出異議，對方只要多堅持一下：「你這麼厲害，幫個忙，不會花你太多時間啦！大家都覺得你是最有資格做這件事的人！」他就買單了。你問他為什麼自己有困難不說出來，他卻回：「對方都這麼說了，我還能怎麼辦？」還沒上戰場，就先投降一半。

❖ ❖ ❖

在我過去的教學經驗中，很多人因為不懂得如何與別人進行高難度對話，每次遇到那些不好談、難以啟齒的事情（比如：加薪、工作分配），能閃則閃、能拖就拖，很怕被誤會是計較、小氣、偷懶找藉口，只要對方態度強硬一點，就退縮，到最後被「軟土深掘」（臺語），才怨聲載道。

你若真要他們學習「態度溫和、立場堅定」的守住自己的原則，他們的焦點不會放在事情的前因後果、如何避免錯誤再發生，而是：「這樣對方會不會生氣？」、「別人會怎麼看我？」、「他會不會覺得我很煩？」、「我不就黑了！」他們很需要在別人心目中保持友善、客氣的形象，並習慣用「感覺」推論對方，而不是回歸事務的本質，加以討論並核對。

特別是「核對」這個能力，是很多人無法好好地面對衝突的重要盲點，習慣把「核對」連結成「質問」，好像向對方多提出一點問題、確認一些細節，就是不信任、不友善的態度。總用自己的「以為」，認定別人的需要。情願活在臆測和猜疑的想像中，也不願接受澄清之後的事實。

然而，當你覺得事情和你想得不一樣，正是你和對方釐清彼此想法和原則的好機會。如果你因為害怕不敢把想法說出來，默默地合理化對方的要求，對方就不會知道這樣的要求帶給你困擾。直到哪天受不了了，大反彈，對方當然會覺得你莫名其妙、脾氣不好、很難相處。這時，你才來反應積弊良多的問題，很容易就被模糊焦點，別人只要抓著：「為什麼你之前都不說？」、「為什麼你之前都可以？」就會讓你疲於應付，無法對症下藥。

好累的蜘蛛人的迷思

除了缺乏溝通能力之外，能力好的人也經常陷入一種左右掙扎的處境，不論是因為別人對他有較多的期待，還是基於道德的壓力，這類型的人覺得自己能做卻不去做，是一種寡情少義的表現。常常讓他們肩上扛滿了任務、無法放鬆，整個人疲憊不堪。原因來自於他們經常會出現這樣的想法。

迷思1　一旦知情了，就不能置身事外

心理界限不清的人，有一個最典型的特徵，就是太習慣把別人的事，當成自己的事，一不小心就過度認真。在答應別人的請求或捲起袖子做事之前，他們甚少先停下來想一想，整件事情的來龍去脈、自己有沒有恰當的位置或身分，提供協助？更重要的是，這件事情會因為你的介入而變好嗎？

特別是在網路世代，溝通管道愈來愈多元，不需要付出太大的成本，就能與對方

連上線、建立關係。有時候別人提出來的模糊訊息或詢問，若你不假思索就回答或發表評論，也許你覺得只是分享一點經驗或觀點，卻不知道對方如何解讀或使用這些內容，有可能不僅沒有幫上忙，還製造了混亂。

以我自己為例，因為我經營了個人的Facebook粉絲頁和個人帳號，有些網友知道我心理師的身分之後，當他們有情緒困擾，就會私訊給我，希望我提供一點建議，經常在我還沒同意之前，就寫了一篇長長的故事，以及提供許多個人隱私。

事實上，我根本就不認識對方，對這位網友一無所知。在這樣的情況下，要提供任何處理都是危險的，因為你不知道他會怎麼執行。倘若我讀了他們的故事，一時心軟，給了專業的意見，很可能他們就會真的以為自己「被諮商」了，或者覺得有找人「聊過了」，困擾應該就會順利解決。可是真正的治療，是需要很多心力才有可能把問題釐清（還不保證有效），是不可能三言兩語，在沒有正式的諮商關係前就完成的。

因此，如果我認同「一旦知情了，我就有責任解決」，或者「我不能辜負別人對我的信任」之類的想法，不僅帶給自己許多麻煩，同時也耽誤了對方真正面對問題的時機。此時，我的介入並不會讓事情變好，反而更糟。

所以面對這類狀況，我通常會委婉拒絕，請網友就近尋求專業人員的幫助。在那當下，我知道自己並不溫柔或體貼，可是卻是很重要的示範，明白地告訴對方怎麼樣做才是正確的途徑。

有責任感是一種美德，但是它能有效發揮的前提是，搞清楚整件事情的前因後果，界定出自己該負責的合理範圍，否則有可能一群人忙了一圈，卻什麼也沒變好。甚至若遇上有心人刻意操控，還會殃及無辜。

迷思 2 自己的需要並不重要

心理界限不清的人之所以常常讓自己處在矛盾、糾結的狀態，原因來自於他們習慣否認自己的需要，把別人的福祉放在自己之前。可是又做不到真正的無欲無求，因此常常讓自己陷入進退兩難的處境。他們就像一臺沒有煞車的車，一旦上路只能一路加速前行，完全不懂得量力而為。

其實，「界限」一詞，正是在提醒人們必須懂得「界定出自己的極限」。否則，就跟還沒長大的孩子心智無異，會過度放大自己的能耐，而忽略了現實的限制。這也是一種自戀的表現。

存在心理學大師歐文．亞隆（Irvin Yalom）曾說過一句話：「當一個人能接受選擇的有限性，他才能優雅的長大。」時間是有限的資源，當你把時間都花在別人身上，你就無法照顧自己的欲求。日子一久，整個人就會被掏空，覺得乾涸。此時，面對沒有終點的索求，很容易讓人心生怨懟。

真正仁慈的人，從來就不是無止盡的容忍。當一個人對自己的認知有了輪廓，他才能知道自己承載的範圍。所謂的「寬容」，是先有了「寬」度，知道自己的限制，才能做到包「容」。

內心真正害怕的是——害怕被評論

這種心理界限不清的人，之所以非常害怕「停下來」，總覺得不做點什麼，就渾身不對勁，部分的原因出自於他們太擔心被評論，這會讓他們感覺到失敗、不夠完美，以至於他們難以接受自己的有限，總會想方設法討好別人，到最後卻滿足不了任何人。

以瑞廷為例，他覺得自己是因為幸運和僥倖，才能坐上高階的位子，而非自己真正的能耐，很害怕別人會發現自己能力不足，揭發他的真面目。就是這種「冒牌者症候群」的心態，讓他經常是以別人的事情為優先，不斷地壓縮自己的空間與時間。

換言之，瑞廷努力付出的背後，有很大一部分的原因是想要藉此取得他人的認同。當他為團隊做了很多事情，至少可以安慰自己「沒有功勞，也有苦勞」。希望透過付出，來滿足那個自己不夠肯定的自己。

這也正是心理界限不清的人最常使用的策略，表面上他們是在「給予」，可是事實上，他們也達到了「交換」的目的，也許是關愛、認同、肯定、歸屬……等心理慰藉。而整個對價關係只有當事人最瞭解。除非他們願意停下腳步看懂整個遊戲，否則外人很難說服他們停止不對等的互動。

然而，一體是兩面的，在「害怕被議論」的背後，同時也藏著另一個正面的渴望，即想要獲得「讚許與認同」。你無法要一個人停止焦慮，除非他找到其他的出口。

從這個角度出發，回到我們稍早提到的故事，瑞廷只要能明白企圖從外界尋求來的認可，就像是浮萍般飄忽不定，唯有由衷地相信自己存在的價值，停止無謂的比較和有毒的自我批判，真正的自信才能在心裡扎根長大，不需要追求一座座的山頭，來證明自己的重要。

良好的心理界限就像是在地圖上幫自己定位，不管你要的是什麼，在規劃任何路線之前，你必須先確認自己的位置、肯定自己的價值、瞭解自己的模樣，才能找出連接彼此的道路。

否則，你就算一直在移動，也不代表你一定是朝著目標前進。

為什麼付出真情，反而惹人厭？我付出了那麼多，我該怎麼辦？

◆你可能會有的心理感受——放不下：

- 我不幫忙，他很可憐！
- 沒有我，他該怎麼辦？
- 我沒有辦法視而不見！

在乎：

・我付出那麼多，現在放棄不就什麼都沒有了？

不曉得你是否在路上救過流浪貓狗？或是看到網友的分享，到某個路口找孤苦無依的老爺爺或老太太買東西，讓他們可以早點回家？

古人說：「惻隱之心，人皆有之。」看到需要被幫助的人，適時地伸出援手，是一件很美好、且值得鼓勵的事情。但是如果有人不計一切代價、傾家蕩產，想要「解救」某個人或某件事，像是收養上百隻流浪貓狗，卻無法提供牠們適合的居住空間，搞著周遭環境惡臭不堪，鄰居前來抗議，依舊置若罔聞、視若無睹。你還會覺得這是值得傳頌的佳話嗎？

其實，幫與不幫並沒有一定的對與錯。心理界限雖然一再強調，只負擔屬於自己的責任，不是自己的問題就該還給對方。但是並不代表我們就得變成是冷冰冰的機器人，像是《星艦迷航記》裡頭的史巴克（Spock），一切以「理性」做依歸，不講情感。

當你覺得自己有能力、並且願意提供協助時，此時你的界限是可以暫時性的放寬、放大，把對方的需要先承擔起來。但是這麼做有一個重要的前提是，你得評估自己有沒有「量力而為」，並且能做到的底限是什麼。反之，如果你做超過了自己可以負擔的範圍，卻仍然執迷不悔，就是陷入心理界限不清的狀態。

所以，臺語有一句俗諺是：「先顧腹肚，再顧佛祖。」講的就是在發自內心做善事前，有沒有把自己先照顧好，是一件很重要的原則，否則很可能忙了一圈，到最後不僅沒有累積到功德，還可能製造了更多的業障。

回到人際的關係。在我的實務工作中，經常遇到因為同情心氾濫，而讓自己深陷流沙的事。特別是牽扯到感情議題，就更是剪不斷、理還亂。而當事人通常又以女性最為常見。故事一開始常常是對方懷才不遇，於是拿錢資助伴侶讀書、還債或創業，但是到最後不僅沒有拯救到任何人，還賠上了自己的人生。

救世主女孩

蘇菲是一個愛好藝術的輕熟女，有穩定的工作，也喜歡四處旅行。在一次友人聚會中，她認識了傑克，一位樂團的主唱。兩個人一見面就有聊不完的話題，傑克很快地就抓到蘇菲的喜好，約她參加演唱會、看劇場。

風趣幽默的傑克，總是能把蘇菲逗得合不攏嘴，一下子就贏得了她的芳心。兩個人迅速陷入熱戀，常常形影不離。為了創造更多見面的機會，蘇菲便開口問傑克要不要一起同居。一來，是考量到傑克的收入不穩定，兩個人一起住可以省下不少生活費；二來，生性浪漫的傑克，常常為了練團，日夜顛倒、三餐不定，也讓蘇菲頗為擔心。一起生活，蘇菲就可以就近照顧。

就這樣他們度過了一段甜蜜的時光。直到傑克重感冒了，嚴重失聲，甚至影響到表演水準，被觀眾投以噓聲，讓他信心大受打擊。有好一段時間，傑克都待在家裡、足不出戶，一副萎靡不振的模樣，讓蘇菲非常煩惱。蘇菲用盡了方法，鼓勵他重新出發，但是傑克都不領情。整天就是打電動，什麼事情也不幫忙，而且只要一不順他的心意，就大發雷霆。同時，對蘇菲的行蹤異常敏感，經常奪命連環扣，蘇菲若是遲了一點接電話，就會被懷疑和其他男人在一起，讓蘇菲疲於解釋。

很多朋友看不下去，紛紛勸蘇菲趕緊分手，不要浪費時間在不值得的人身上，但是蘇菲實在捨不得熱戀時的美好時光，總是告訴朋友，也彷彿是在說服自己：「其實傑克是一個很有才華的人，他本來不是這個樣子的。他只是一時失志，如果我這時候離開他，他就真的一無所有了。我不能這麼狠心，我得幫助他度過這個低潮。」

蘇菲一心相信雨過一定會天晴，只要她持續努力傑克絕對會找回歌唱熱情，再度在舞臺上發光發熱。為了讓傑克安心，加上蘇菲也不知道如何面對外界的關心，漸漸地就和朋友疏遠了，把所有的重心都放在愛情上。

就這樣蘇菲的薪水，不僅要支付房租和所有帳單，下了班，她哪裡也不能去，只能趕緊回家，打理晚餐，讓傑克安心、不會情緒失控，否則她得花更多時間安撫，阻止他做出自殘或傷人的行為。

❖❖❖

你一定認識或聽過有些人，特別是女性，即使伴侶對她很差、不事生產、拳打腳踢，她卻仍堅持留在一段不舒服的關係，不願離去。或許，你會覺得是基於女性是經濟弱勢，加上想給孩子一個完整的家庭，所以她不得不留下來。

但真實的狀況是，即使女方和男友沒有婚姻關係，不受法律束縛，她仍會因為愛情不斷地犧牲奉獻，直到最後失去自我價值。就像故事裡的蘇菲，儘管身旁的人都勸她回頭是岸，別再執迷不悔，但她就是鐵了心愛著傑克，就算赴湯蹈火、也在所不惜。

別以為這些故事是特例，一般心智正常的人，遇到伴侶不當的對待，也就是俗稱的「危險情人」，應該很快就會覺悟，趕緊分手了結。但是多年的實務經驗告訴我，這樣的案例很常見，而且關係很難說斷就斷，彼此糾纏多年才會徹底結束。

原因就出在新聞中常聽見的「危險情人」，並不是一開始就具有危險性。如果把他們比喻為獵人的話，他們有一套獨特的手法麻痺獵物的警戒，讓伴侶失去戒心以及反抗的能力，之後才開始為所欲為。

就以蘇菲和傑克為例，通常情侶在交往的初期（大約是三～六個月的蜜月期），男方對女方幾乎是百依百順、有求必應。這些浪漫的錯覺，會讓女生覺得自己是被捧在手心的公主，對方是自己的Mr. Right，進而付出更多的信任與關懷在男友身上。慢慢地這段關係會演變成只有兩個人的小世界。男方會希望女生下班後減少社交活動，只把時間留給自己，並且隨時報告自己的行蹤，不然就會懷疑女方的忠誠。

女方沉浸在戀愛的氛圍中，便合理化男生的要求，認為談戀愛想要隨時隨地見到對方、聽到對方的聲音是很正常的，便不疑有它，認同了男友的期待。但這正是心理界限逐漸瓦解的第一步。透過對女友社交生活的掌控，讓女生以愛情為重心，什麼事情都繞著男友打轉，漸漸地沒有了自己的生活，在社交圈中愈來愈邊緣、孤立。等到蜜月期一過，新鮮感褪去，男方會用各式各樣的藉口，可能是工作不順、被上司打壓、家庭問題……等，將脾氣發洩到女友身上，指責、數落她的不是。例如：

「這麼簡單的事情都不會，妳真是有夠笨！」

「要不是我，還有誰會想跟妳交往！」

以各種言語羞辱與情緒虐待，讓對方覺得自己一無是處、自尊受到打擊。

你可能會不解，當事人不會覺得受傷、難過、選擇轉身離開嗎？別忘了，當他們關係走到這裡，女生的世界只剩下男朋友了，她無處可逃，又對自己失去信心。這時候，眼前這個人雖然對她不好，但至少還是「愛」她的，相對於離開後未知的焦慮和分離的失落，留下來至少是比較安心、明確的。

更麻煩的是，等到男友低潮過去，心情變好，他又會低聲向女方道歉，說自己不是故意的，自己也很後悔說出那些話，藉由送禮物、親自下廚、安排旅行等等，補償自己先前不當的行為，企圖挽回女方的心。

看到男友這麼殷勤的彌補，很多女生就會心軟，一次次原諒對方。時間一拉長，她們會自動合理化男友的行為，將之認定為一時的情緒化反應，忍一忍，一下子就過了。等男友心情好了，兩個人又可以甜蜜如初。正因為當初的美好太美，使得她無法說服自己眼前所愛的這個人，已經不是當初愛上的那個人。因此，她只好閉上眼睛，繼續假裝。

這樣來來回回、痛苦與甜蜜的交替，讓女生愈來愈分不清楚，什麼是合理？什麼該拒絕？她的界限不斷地被挑戰、重新定義，最後只剩下男友的意志，成為不折不扣的魁儡。即便最後男友真的動手打她，她也不會離開對方。

這整個過程就像「溫水煮青蛙」，一點一滴讓人失去防備，難以拒絕對方的任何請求與對待，只能被動地接受與忍耐。來自伴侶的語言攻擊以及情緒暴力，讓她們失去了自信以及對未來的期盼。久而久之，變成一種既定的互動模式，女方承受許多不合理的對待與控制，雖然覺得痛苦、不舒服，卻不會反抗，甚至認同這是相愛必然的過程，很難相信自己值得更好的對待。

只要她們沒有重新找回個人的界限和自信，改寫自己對親密關係的看法，即使離開了眼前這段不好的關係，她們仍有很高的機率會選擇相似的人成為伴侶，變成一種難以打破的「關係慣性」。

救世主女孩的迷思

也許，你身邊剛好就有像蘇菲這類型的女生；也許你自己正是過來人，也曾為情所困。一句「愛到卡慘死」（臺語），清楚點出身在其中的當事人是如何執迷不悔，即使所有的人都告誡她，這是一條不歸路，她的付出可能永遠得不到回報，她仍奮不顧身為愛奉獻。背後左右著他們的行為，往往來自於這兩個想法。

迷思1　設立界限是自私的行為

心理界限不清的人覺得一旦設下界限，就表示他只為自己而活，是一個自我中心的人。為了避免別人說自己自私自利，他們對於別人的要求幾乎是來者不拒。特別是看到對方的情況不順遂，他們內心豐沛的「母愛」，更會驅動他們想要扮演好拯救者的角色。如果自己小小的犧牲可以讓對方變得更好，那麼這一切就值得了。

事實上，當一個人內在仍有匱乏，他所做的事情很容易變成一種交換，而不是無條件的對待。以致於他們發現自己全心全意的照顧，並沒有得到對方的感激、或他人的肯定時，他們的情緒會從一味的配合轉變成憤怒，並控訴對方：「我為你做牛做馬，你居然這樣對我，你難道不知道我為了你，犧牲了……」

心理學家布芮尼．布朗（Brené Brown）曾說：「世界上最寬容的人，都是那些界限清楚的人。」因為他們懂得照顧自己，才有足夠的資源關懷身邊的人。不因一時的情緒失控，壓縮心裡的空間，而說出傷人的話。

迷思 2 我應該要做一個好○○

心理界限不清楚的人很在乎他人的評價，所以他們的內心會有一個「好」形象需要去滿足，可能是：好學生、好女兒、好兒子、好太太、好媳婦、好員工、好老闆……等等。

對於不同的角色，他期許自己要能面面俱到，即使心裡不喜歡對方，可是基於禮貌，他會勉強自己一定要表現出非常熱絡的模樣，以免傷害到對方的感受。只要對方的反應稍不如預期，他們很容易感到愧疚與自責，覺得自己不應該這麼粗心大意。這些一條又一條的「應該」與「框架」，常常讓他們活得非常疲倦，隨時處在備戰狀態，無法放鬆下來。他們從來沒有問過自己，這些「好」是由誰定義？把這些角色扮演好，對方一定會開心嗎？還是只會得到更多的挑剔與批評？因為你不可能讓所有人都滿意，與其把決定權交給別人，倒不如設定底限，讓別人清楚知道你是誰，哪些地雷不能踩，反而能相處得更融洽。

內心真正害怕的是——害怕面對真正的問題

然而，他們之所以如此過分認同別人的創傷或看法，原因來自於透過焦點的轉移，他們可以暫時忽略自己真正應該負的責任，不用花力氣搞清楚自己是誰？怎麼做才會活得充實又滿足？

一如故事中，蘇菲看似為傑克犧牲許多個人的時間與金錢，同時也因為她忙於經營這段關係，讓她不用去面對自己的生涯議題。究竟，她真正的熱情在哪裡？

在認識傑克之前，蘇菲一直猶豫該不該辭職，回學校進修她最喜歡的藝術課程。

她知道自己有創作天分，可是她也擔心貿然轉職會讓自己三餐不繼，得從頭打拚。蘇菲猶豫掙扎了好一陣子，直到她遇上了傑克，這個人似乎可以讓她更靠近藝術的世界，又不用經歷太大的改變。因此，她把所有的重心都放在傑克身上，這樣她就不需要面對自己生涯的焦慮。當她付出愈多，她就愈害怕失去關係，因為沉沒成本只會愈來愈大。她需要別人的存在來證明自己的價值。

所以，蘇菲表面上希望男友趕快振作起來，但是事實上，她的潛意識並不希望傑克真的恢復活力，因為這樣一來，他有可能就不需要蘇菲的支持，而蘇菲就得面對自己生命的探問。

也就是說，感覺上這段關係是傑克需要蘇菲的照顧，事實上，蘇菲也透過傑克的依賴來創造自己被需要的藉口。他們是相互需要的，變成了一種共生的關係。這種糾纏的心理動力，往往會維持好長一段時間，分分合合無數次，到最後把兩個人的青春歲月都賠了進去。

一個真正獨立的人，是可以在關係中感覺到親密，同時也能保有獨處和自主的能力。這世界上沒有誰非誰不可，當你的界限愈清晰，愈能夠吸引到相同頻率的人，一起迎接生命的挑戰，成為幫助彼此成長的梯子，而不是埋葬對方的鏟子。

我只是想要做得更好，但是討好了別人，我卻一點也不好？

◆你可能會有的心理感受——

恐懼感：

・我好怕別人質疑的眼光。

・我只是想努力把事情做到更好。

不安，想太多：

・他那麼講，是在說我嗎？

・大家是不是都誤解我了？

還有一種缺乏心理界限的人，他們不算沒有自信，既沒有過強的責任感，也不會想要拯救別人，卻容易因為太在意他人對自己的看法，只要有任何一丁點的批評，他們的心情就會受到很大的牽動，甚至對自己產生質疑，任由他人的評論來左右自己的決定。

害怕被誤解的痛

明倫的父親過世後，留了一棟南部的房子給他。由於明倫北上發展很多年了，因此有親戚提議希望能買下他繼承的透天厝。明倫覺得房子沒人住，空著也很可惜，而且無人照料屋況會愈來愈差，便欣然答應。最後，明倫因為對方的一句「不要賺自己人的錢」，以市價六折將房子售出。雖然心裡覺得有些不公平，但是自己的親戚實在也不好多說些什麼。

麻煩的事情不只於此，由於親戚沒辦法一次拿出這麼大筆錢，就和明倫協議好，房子先不過戶，找明倫的媽媽當公證人，他每個月分期付款匯到明倫媽媽的戶頭，直到全額繳完後再辦理過戶。聽起來很合理，但問題是媽媽的銀行帳戶是哥哥在管理，他一毛錢都動不了。

交易進行幾個月之後，明倫覺得不太妥當，想和哥哥討論能不能讓他接管這個帳戶，然而哥哥的一句，「孝順就不應該拿爸媽的錢啊！這些錢將來也是要留給媽媽養老的，存在哪裡不重要。」就讓明倫打了退堂鼓。

一些比較懂得法律的朋友，聽完明倫的做法，告訴他「親兄弟要明算帳」，這筆帳如果繼續不清不楚下去，很可能到最後媽媽的養老金不僅沒了，房子還可能就這樣拱手讓人。但是明倫擔心被別人說自己「太計較」，遲遲不敢面對問題。

我們再接著看另一個也是家族紛爭的例子。

提款機大哥

品冠出生在一個大家庭中，爺爺奶奶生了五個小孩，其中只有品冠的爸爸（是長子也是長孫）和叔叔兩個男生，其他姑姑長大後便陸續出嫁。品冠的爸爸遺傳到爺爺的勤儉、認真，很早就離鄉到臺北打拚，成家立業之後，有了自己的一個小家庭。但是品冠的叔叔，從小就好大喜功，一心想賺大錢、做頭家，創業數次，最後都賠錢收場。即便如此，依舊沒有澆熄叔叔的發財夢。

大約在品冠青春期，叔叔又從朋友那打聽到一個賺錢的好機會，但是叔叔身上沒錢，只好轉頭向品冠的爸媽尋求資金。品冠的爺爺奶奶年邁、身上也沒有積蓄，都是靠大兒子奉養，才能有安穩的老年生活。儘管知道小兒子有許多不良紀錄，他們也希望小兒子能儘快像哥哥一樣結婚生子。因此，他們代為開口向大兒子借錢，希望他這個做哥哥的可以幫弟弟一把。

其實，品冠爸爸已經不只一次借錢給弟弟做生意，每一次都慘賠，先前的錢也拿不回來。品冠爸爸不甘心，為何自己辛苦賺來的錢，一再地送給別人揮霍，自己卻得節儉度日，也沒辦法給孩子優渥的生活環境。因此，這一次他下定決心，不管爸媽怎麼哀求，他不再幫這個不成材的弟弟。而那些拒絕的話，聽在爸媽耳裡非常刺耳，覺得做大哥的怎麼可以棄自己的家人不顧，兩老斥責、辱罵他沒有擔當、沒有做弟弟的榜樣，甚至賭氣離家，到出嫁的女兒家借住。

這件事情傳開之後，品冠爸爸背負莫大的壓力，說他不孝、愛計較的話語，不絕於耳。到最後，品冠爸爸罹患憂鬱症，幾年後，一人離家出走，至今生死未卜。品冠曾告訴朋友：「每次在路上遇見流浪漢，我都會多看兩眼。不知道是不是還有機會見到他（爸爸）。」

為了家族的和諧共榮，父母不分是非的要大兒子無條件地支持自己的弟弟，結果造成兄弟間巨大的裂痕，也讓大兒子的下一代還沒成年就失去父親。這件事成了品冠心中很大的陰影，讓他難以對人產生信任感，對很多事情都抱持著負面想法，他花了很長的時間，才慢慢地找回自我。對他來說，家族這個概念，太沉重，也太沉痛。

❖ ❖ ❖

透過這兩個故事，我想和大家談一談文化這個部分。

人是活在團體中的，談心理界限就不可能忽略文化的因素。特別是東方社會，以農業經濟為主，而家族又是整個農業活動的核心單位。因此，家族的團結、和諧、興盛就變得至關重要，這些約定成俗的信念與習慣，便漸漸地形成以「家」為重的「家族主義」。像是多子多孫，多福氣、家和萬事興、家醜不外揚等，一套獨特的思考模式與生活準則，規定著家庭成員彼此的權利義務，彼此都熟悉哪些行為是合適的、被鼓勵的，哪些則是被禁止的。目的是讓整個社會，可以用最穩定且有效率的方式運行著，以維繫家族的延續。

這些想法和做法並非一定是落後的，放在當時的環境是必然的手段和策略。只是比較麻煩的是，現代人的生活早已脫離了農業型態、進入網路世代，早已不需要這麼多人力、居住空間的安排，也不若農村生活緊密，許多事情不可能再像過去一樣運作。但是幾千年累積下來的傳統和習俗，並不是說改就能馬上調整。因而，造就了許多家庭紛爭以及個人痛苦。特別是以下這兩個觀念，常常讓人在面臨家族問題時，感到非常的棘手、難解。

觀念1 重視家族團體

家族的團結對我們來說，一直是一件非常重要的事情，如果家族內有人「胳臂向外彎」，必定會遭致極大的撻伐與排擠。也就是說，如果我們是一家人，就必須「榮辱與共」、「有福同享、有難同當」，絕對不能置身於事外。只要是有關家族的事情，無論結果好壞，所有人都要一起承擔。

因此，清楚的「心理界限」在東方文化是不存在的。甚至是被壓抑、禁止的，如果家族成員太過強調個人需要，將會破壞團體的凝聚力。為了控制每位成員對家族的忠誠度，家族會把同一個姓氏的所有男性子孫和其配偶，以及他們一起共同養育的孩子，全部集結起來，一起過著「同居共財」的團體生活。

這種單一經濟體，有三個特色：所有的勞力收入皆歸公庫、每個人的必要開銷也從公庫支出、累積起來的財富是大家共同享有，成為家產。就像我們故事中提到的品冠爸爸，賺的錢不能自己花用，必須奉養父母還要提攜兄弟；而明倫則是賣了房子，錢卻不能放到自己的口袋。

當一個人失去經濟自主權，他在人格與自我意識必定得依附團體，依據團體的喜好來決定個人的行為，大家念茲在茲的都是如何讓家族更強大，不能考慮個人的喜好。在這種氛圍下長大的孩子，很難有勇氣說出自己的想法，只能唯唯諾諾、聽命行事。加上我們長久以來重視家族團結的習慣，會讓許多人不敢有太清楚的自我界限，害怕承擔不孝、自私的罪名。

可是放到現代人的生活，這樣的思維模式卻會扼殺一個人的創意與自主性。當小孩每做一件事情都要先考慮爸媽會不會答應，他就把一部分的生活掌控權交託出去。因此東方社會中，媽寶的比率特別高。

觀念 2 強調家族和諧

再者，要一群人從早到晚緊密生活，彼此之間一定會有摩擦。對家族來說，關係間的紛爭是一件很危險的事情，因為會破壞家族的和諧，造成不必要的分裂。因此，我們非常推崇「忍讓」這個美德。

特別是女性常常扮演家族溝通的橋梁，她能不能把這個角色扮演好，就看她符不符合「溫、良、恭、儉、讓」五大特質。只要她能恪守這些原則，「父慈子孝、兄友弟恭、夫義婦聽」並非難事，也能一起成就整個家族的名譽。

也就是說，和諧，是家族運作不可違抗的天條，任何人只要有過激的行為，就有可能導致親屬間的不合，而長久、嚴重的紛爭會讓分家的問題提前來臨。站在長輩的角度，分家是一件非常痛苦的事情，因為「大家族」的運作就會分崩離析，並讓他們喪失了家族中的權威地位。所以老人家會努力去除任何會造成分家的危險因素，堅守著能不分家、就不分家的理念。

於是，「忍讓」和「犧牲」成為人人必要的修煉，衝突變成可怕的詛咒，人人避之唯恐不及。然而，不分家，看似團結一致、同甘共苦，在這樣的體制下，情緒壓抑久了，往往只會造成更大的悲劇，就像品冠的父親便是家族主義的犧牲品。

對照我個人的教學經驗，亦是如此。許多學員之所以無法堅持個人的界限，來自於他太害怕與人有衝突。對他來說，從小家裡就被教導著不能吵架，大家應該相互友愛，不應該太過算計、自我，以至於他遲遲無法學會什麼是有建設的爭執，該如何透過衝突達成共識。

提款機大哥的迷思

不論是明倫或品冠的父親，除了背景性的文化因素之外，回到個人身上，他們經常囿於以下這些觀念，使得他們即使意識到眼前的情況和自己的想像有所落差，仍然不敢發聲，說出自己的想法，只能被動地忍耐不合理的對待。

迷思 1 設立界限會讓人覺得我在生氣

心理界限不清的人覺得如果把話說得太清楚，會讓別人覺得自己很冷漠、無情、不開心、斤斤計較，所以他們寧願模模糊糊、含糊其詞，也不願意把醜話說在前頭，談清楚彼此能接受的條件。因此，像是婚前協議書、合作契約等，都會讓他們覺得太不近人情。

只有在面對不喜歡的人、或是自己不高興了的時候，才需要這麼做。他們寧可活在虛妄的想像，用「以為」麻痺自己的戒心，也不願意把問題攤開來。

正因為他們太把焦點放在現在對方舒不舒服，而無法把眼光放長遠，去理解為了避免日後糾紛，一開始先就事論事，少一點溫暖、多一點理性，把可能造成誤會的部分理明白，而這才是真正珍惜關係的表現，互動才有可能長久。

特別在華人文化，這類「和稀泥」的情況格外嚴重。也因此，就有人將不正視現實問題，總是用合理化的方式進行自我安慰、解嘲，稱之為「阿Q精神」或「鴕鳥心態」。暗指一個人眼睜睜地看著問題持續惡化下去，也不肯積極處理。

迷思2　設立界限，別人以後也不會幫我

人是群體的動物，需要靠彼此的支持與協助，才能運行這麼龐大的社會系統。然而，正因為關係如此緊密，得藉由不同的規定與協議，讓大家各安其位、各司其職。因此，溝通之後，發現彼此的想法有了落差，及早煞車，避免最後期待愈大，失望愈重，關係反而能好聚好散。

對心理界限不清的人來說，要做到這般沉著冷靜是有難度的。他們很容易把「拒

絕」等同於「排斥」，並且擔心自己婉拒對方的要求，將來有一天換做自己有需要，別人也會給自己吃閉門羹。

因此，他們常常把「互相」（臺語）掛在嘴邊。表面上是互惠，覺得世界應該多一點溫暖、熱情，但是骨子裡卻默默地計算別人回報了多少？惦記著上次自己怎麼對待對方，對方怎麼可以翻臉不認人！

事實上，當他們勉強自己配合對方的要求時，他們的內心已經失衡了，於是他們會將期待放在未來，希望某一天能兌現。卻忘了，人常常只記得自己對別人的好，不記得自己造成別人的傷。

有可能他們做了某些事情讓對方不開心，而選擇遠離他們，他們心中的天秤突然崩壞，覺得自己被背叛或好心沒有好報，從此變得非常的憤世嫉俗，或困在受害者的位置，寧可怨天尤人，也不願意做出改變。

我曾經在一本書上讀過一句話：「一個人唯有能允許自己拒絕別人，他才能夠真正接受別人對自己的拒絕。」

心理界限清楚了，你才不會因為害怕，而去兌現無法支付的協助。同時也能明白別人對自己的拒絕，不代表他不喜歡你，或認為你有問題，很可能只是單純有現實上的困難。

內心真正害怕的是　害怕自己沒價值

其實像明倫和品冠這類的家族糾紛，幾乎每天在你我身邊上演，因為不敢聲張自己的權益，忍氣吞聲，只求以和為貴。

然而，事過境遷，每個人的認知又不同，等真要做改變的時候，所有的愛恨情仇一湧而上，變成公說公有理、婆說婆有理，誰也不肯退讓，才會使得兄弟鬩牆、自相殘殺的新聞，屢見不爽。

一旦我們的心理界限不明確，很容易就會被對方的一兩句話，調包了真正重要的問題。一如，孝不孝順與財務清不清楚，是兩碼子事，心理界限不清的人，因為太想要顧全大局，而被模糊了焦點。

而他們之所以難以堅定立場，總會因為別人的一兩句話，而動搖了自己的意志，來自於生活在群體之中，所受到的肯定與關愛大多是不足夠，很多時候個人的需要是被淡化、貶低的，一切都得先考量大家的福祉。

也因此，他人的意見變得格外地重要，如果沒有得到認同、支持，彷彿自己就沒有任何的價值。一生都不停地追求外界的認可。尤其父母的一句勉勵或讚許，是許多人心底最深的盼望。

然而，心理界限清楚的人知道，無論你再怎麼努力，都不可能讓所有人滿意。**因此，真正的承擔包含著被誤解的風險。**

以明倫為例，他若真想要孝順母親，應該把這筆錢回歸到自己的名下，好好地存起來，等到母親真的有需要，才有餘力幫忙。否則，他完全照旁人的話做，誰也不敢保證哥哥會不會私下挪用，屆時錢沒拿到，沒能力供養母親的遺棄臭名也揹上了，實在是得不償失。

若他能把做一件事情最重要的目的，放在會得到他人什麼樣的反應之前，他才能在即使不被諒解的狀況下，依然選擇做適合自己的決定。

換言之，心理界限的確立也能幫助我們在複雜的人情交往中，掌握好每一個行動背後的核心目標，清楚自己的方向，這樣就不容易亂了頭緒，跟著人云亦云，讓自己陷入父子騎驢的窘境中。

回到你身上，如果你發現自己在一段關係中，必須透過他人的肯定或存在，才能建立自我的價值，並且經常壓抑自己的需要，以符合對方的期待，或是總害怕自己會成為不合群的人，那麼，是時候該停下你的腳步，好好地檢視自己的界限是否太過模糊與糾結？

你的體貼與善良，應該留給真正懂得珍惜你的人。

輯 3

默默付出的背後，沒被點亮的力量

透過閱讀這本書，你對於自己為什麼那麼容易因為外在的厭力而受傷，應該有了更多的覺察。然而，瞭解現況，不是為了停留在原地，而是為了更好的明天做出努力。假使你發現自己很像前面談到的故事，有些迷思也經常出現在你的腦海中，甚至開始懷疑自己是不是屬於界限不清的人。

那麼我希望接下來的【輯三】裡，能夠給你一些不同的思維，幫助你重新理解心理界限對生命的意義，透過瞭解、發現自己沒有看見的優點，逐步強大你的心靈，讓自己也能生出另一股力量，抵抗各種外界的眼光。

儘管前面談了許多心理界限不清，帶給人們的影響與傷害，但一體是兩面的，就像銅板有正反。你可以說界限不清的人較為退縮、消極、怯懦、鄉愿，但是這些特質換個角度看，其實也代表著相較於自我中心，界限不清的人較為體貼、合群、孝順、善良、願意為人著想，甚至更有責任感。

這些優勢都是同時存在的，如果我們無法看見身上擁有的資源，就沒有足夠的信心，相信自己有能力做出改變，成為更好的人。很容易陷入自我懷疑的狀態，掉入受害者的陷阱中，把問題的肇因都推給別人。

在生活中容易受傷的人，需要一個「探照燈」，來照亮我們默默付出而受傷的心。對我來說，心理界限就像是一個「探照燈」，目的是要看清楚我們想要前進的方向，是否還有什麼地方可以做得更好？

但是手段不是目的，當你確認自己的界限狀態之後，不管是健康的也好、模糊的也罷，還是僵固的，重要的不是為了在自己身上貼上一個又一個標籤，而是透過這份發現，知道下一步該怎麼走會更好。

因此，在這一輯中，我會開始談談這些總是為人著想，卻得到傷害的人，在默默付出的背後，已經具備的美好與力量，我們可以怎麼使用這些獨特的特質，來讓自己活得更自由、更自在，跳脫出被傷害的輪迴，讓自己的存在成為世界的祝福，而不是另一種負擔。

當你懂得設防線，你的善良會被更珍惜

相信在你的心中，可能會產生的一個疑問是：難到我們只要管好自己的事，不管別人的狀態嗎？如果事情可以這麼簡單，又有誰想要惹麻煩？如果社會上的每一個人，都只想到自己的需求，不管別人的處境，那麼這個世界會有多冷漠、疏離？公事公辦的態度，讓我們和機器人又有何差異呢？

這是一個非常好的提問，在我們堅持自己做事原則的同時，會不會就失去了人性的美好？若是如此，像是德雷莎修女的事蹟、二次世界大戰援救猶太人的故事、為了爭取人身自由與言論自主的改革、反性別歧視、多元家庭、難民議題……等遊行，是否就不應該繼續被流傳與支持？因為仔細分析這些活動，其實都已跨越個人事務的邊界，甚至置個人生死於度外。

而投身於這類事物的人，也經常像我們在【輯二】提到的故事主人翁，總把別人的困難與責任都攬在自己身上，不斷地犧牲奉獻，忘了自己的需要。那麼他們算不算是界限不清的人？更重要的是，我們該不該去管別人的事呢？

這不是一個可以簡短回答的是非題，需要你花一點點時間，去思考：

- 你做這件事情的目的是什麼？能夠滿足你什麼需要？
- 你能付出到什麼程度，不會覺得失衡、身心俱疲？
- 假使對方的反應和你預期的不同，你有想過怎麼處理嗎？

你有勇氣提出來討論嗎？

- 你生命中真正該處理的事情，有持續在面對嗎？
有沒有因為太專注幫助別人而忘了照顧自己？

在深入討論之前，我想先分享我最近讀到的一篇報導。這是關於一間老牌文學雜誌社與作家的故事。

一提到文學，就會知道這不是一個符合大眾口味的主題，加上網路的崛起，閱讀的人口逐漸流失，雜誌經營得非常辛苦，而曾合作過的作家更是清貧，裡頭還有不少早已高齡七、八十歲的老作者。他們的創作雖然早就無法帶來太大的商業價值，但是他們的作品卻深深地灌溉過臺灣文學這塊土地。即使他們已經逐漸被世人給遺忘，但是在這裡工作二十多年的總編輯，以及其他年資都超過十年以上的員工，卻從沒有忘記這群曾叱吒筆壇的老戰友。

無子嗣的作家，總編輯幫忙辦理後事、整理遺物；生活陷入困苦的作家，員工幫忙申請急難救助；重病的人，編輯不畏風雨開車載去醫院看病；家裡太髒太亂的人，幾十個員工一起去幫忙打掃、清潔；仍願意繼續筆耕的作家，即使不會使用電腦，編輯們也一字一句地幫忙謄打……

這些事情絕對不是雜誌社的工作內容，他們只需要管作品夠不夠資格，哪有需要連作家的生活起居都一起操煩呢？如果是以營利為目的，那麼能配合的人就繼續合作，不能的就走人，反正文壇來來去去這麼多人，少了一個，還是會有人繼續寫。做這些事不僅沒有收益，還得額外花許多成本。

雜誌社大可丟下一句：「日頭赤炎炎，隨人顧性命。」（臺語）也沒人會說什麼。但是這些別人避之唯恐不及的事情，他們都做了，而且一做就是三十年。還好有他們的奉獻，這個世界多了許多溫柔。可是為何同樣是把別人的問題扛在身上，這種我們會覺得欽佩與感謝；換作我們在【輯二】提到的五個故事，我們卻說是界限不清，需要停下來做些調整。這當中的差異到底是什麼？

其實，**「界限」本來就是一個抽象的概念，不能用一個標準或做法就一刀切，最**

重要的是當事人的「意願」和「感受」。如果當事人樂意、且主動為他人服務，即使他得犧牲時間、金錢和心力，只要他在過程中可以感受到滿滿的「使命感」或「成就感」，並不以為苦，那麼他已經滿足了個人的需要。

就像故事裡的雜誌社，營利並不是唯一考量，他們從創社的第一天起，就是以「服務」作為經營宗旨。同時也沒有忘記現實的考驗，在嚴峻的市場挑戰之下，努力替自己開創新路，不論是申請政府標案還是募款，他們知道自己得活下來，背後的這群作家才可能被繼續看顧。

最重要的是，在奉獻服務的過程中，並沒有忘記「量力而為」，遇上了困境會向外尋求援助，以至於他們可以做得很開心，儘管這些事情仍舊是辛苦、困難的。因此，無論是「意願」還是「感受」，對雜誌社的總編輯和其他員工來說，都是平衡的。但是反過來，【輯二】裡提到的案例，在「意願」還是「感受」兩個部分，是失衡的。

此外，報導中有一段話令我格外地感動。當記者詢問雜誌社總編輯，問她這樣的俠女性格來自哪裡？總編輯回答：「來自媽媽吧！小時候住眷村，家裡明明只有五個人，媽媽卻煮了快十個人的飯菜。家裡常常有附近單身的叔叔伯伯過來串門子，媽媽總會留他們下來吃飯，說：『只是多雙碗筷，別客氣！』可是她卻會偷偷多煮一點，也不要讓人家吃得不安心。」

簡單的一段話卻是如此溫暖，讓孤單的人不再寒冷。**這樣心與心的靠近是很珍貴的，它來自於我們願意多為人著想。而願意主動幫助的人，往往是非常體貼、善解人意、不愛計較、重義氣的，就算別人沒說，也小心呵護著別人的感受，不願意自己的一點魯莽傷了對方。正因為有了這些力量，他們敢踏出自己的小宇宙，進入別人的星球，一起創造出美麗的風景。**

這些正向的力量不只在雜誌社的員工身上存在，不管是「便利貼女孩」、「父母的情緒配偶」、「好累的蜘蛛人」、「救世主蘇菲」，還是「提款機大哥」，我們都可以在他們的付出背後，看見他們的善良力量。若不是因為他們比別人更細膩、敏感、負責任的心靈，也不會在「為他人付出」與「自我照顧」中，拉扯掙扎。

界限不清是表層的議題，但是潛藏在這些行動底下，往往是因為捨不得別人受苦，而情願自己累一點也沒關係的貼心，只要能換回對方的一個笑容或肯定，這些善良的人就覺得值得了。他們絕對是善良的人，只可惜這樣的善意沒有被好好的珍惜。

❖❖❖

回到你身上，假如你發現自己也喜歡照顧別人，總是願意不計代價地協助別人，那麼請你也看看自己，請看見自己身上的獨特與力量，有意識地使用這些資源，而非隨意的濫用。

人們總說：「聰明是種天賦，善良是種選擇。」既然是一種選擇，那麼你就有責任學習判斷，把善良留給真正懂得珍惜你的人，別陷入「幫與不幫」的二分法當中。

在付出行動前，你要問問自己的是：

・我做這些事情快樂嗎？
・我的能力所能提供的協助到哪裡？
・我可以從哪裡獲得資源與支持，而不用一個人硬撐？

當你問過了自己，好好地確認自己的出發點，並對這三件事情都有了頭緒之後，你的界限自然也就清楚了，能夠形成一個保護網，讓你的美好被更多的人發現。

學著說需求，讓對方更容易靠近你

這麼多年的實務經驗，我發現這些默默付出的朋友有一個共同的特點：忍耐功夫都是一流的！他們藏了很多心事，不敢跟別人說，就怕造成別人的負擔。你問他們如果把自己的想法說出來會發生什麼事嗎？十之八九會跟我說：「這樣感覺好像是自己要來的，不是對方真心想做。」

正因為這些人比別人更加地細膩與敏感，以至於要他們說出自己的需要是很困難的事。他們會擔心太清楚地表達會讓對方覺得有壓力，造成別人的麻煩。所以只要對方的一次蹙眉、一個撇嘴，甚或是沉默不語，都會讓他們覺得不好意思，把到了嘴邊的話又吞了回去。

在他們的腦海中，深信著一個人生的準則：「如果我不說，你就能做到，代表你真的很在乎我。」言下之意就是，如果我說了你才做，表示你只是為了安慰我。這樣求來的對待，會讓他們覺得自己不夠體貼，造成了別人的麻煩。更遑論開口說了，對方依然無動於衷，就更傷人了。

所以，**為了避免創造彼此的尷尬與痛苦，乾脆什麼都不說，默默地承受下來。安靜的背後，其實是令人心疼的世故。他們不喜歡與人衝突，如果退讓可以換來一屋子的和諧，自己站在角落又何妨**。只是偶爾在夜裡，他們心裡仍會覺得悶悶的，好像自己是一個局外人。**他們不是不知道「會吵的小孩有糖吃」，真要他們自己開口，心裡又滿是糾結，擔心不小心傷了對方或者讓對方失望**。所以每回遇到為難的時刻，都希望對方可以自然而然地發現自己的需要，那該有多好。

這讓我想到有一次，我辦了簽書會，活動結束後，有一個讀者興致高昂地拉著我問東問西。起初，我還算有禮貌的回答，但是當時間一分一秒過去，活動已經結束半個多小時，我的體力也快耗盡了，但是她似乎沒有打算歇手。於是我陷入天人交戰，該不該開口婉拒她的發問，好讓自己可以脫身？又擔心這麼做，會讓對方覺得參加活動沒收穫，心裡的疑問沒解開，很失望？

我該默默地祈禱著她能自己發現時間不早、主動停下來，然後打道回府。或是身旁的人發現了我的扭揑，可以出手相救一下？所以我又多聊了五分鐘，但是我期待的事情並沒有發生。後來我真的受不了了，就在心裡問自己：

「如果我不告訴她，我累了，她會知道嗎？」

「會不會她現在真的陷入自己的情緒裡，無法觀察到我的狀態？」

「如果我繼續允許她發問，我有讓她在跟我的互動裡學到該學的東西嗎？」

想了一輪之後，我在她說出另一個「可是」之後，換了一口氣，以態度溫和、立場堅定地說：「謝謝妳這麼信任我，告訴我這麼多妳的事情。現在時間很晚了，而我剛剛演講完，專注力已經消耗很多，實在沒有辦法在這麼短的時間內解答妳的疑問。如果妳真的想徹底解決這個問題，妳需要的是更完整的幫助，我會建議妳除了看書，也試著找專業的心理師治療或安排系統性的課程，才能從根本解決，治標又治本。」

這位讀者一聽完我這麼說，才恍然驚覺自己占用了我許多時間，連忙道歉與道謝後，就快步離開。事後，我一直在回想，如果我當時不表達自己的狀態，又會有什麼結果呢？會不會我就假定對方是一個「白目」的人，心裡默默地打了個叉？因為我需要自己是一個好人，就得把對方當成是壞人，才能消弭心中的不滿。可是這樣做，真的有幫助嗎？

再者，當對方的情緒如此波動，而環境又十分吵雜，我真的有把握她能夠正確理解我的意思，回家好好地琢磨嗎？還是她帶著一知半解的狀態，把問題愈擰愈糟？更重要的是，會不會她真的以為簽書會這樣的場合，是讓讀者可以免費諮詢的時間？或者她買了一本書，我就得為她所有的疑惑負起責任？當這樣的行為被容許之後，日後我自己或其他作者辦活動時，有沒有可能會再遭遇同樣的狀況？這真的是我想要的結果嗎？

那一刻我突然懂了，把自己的狀態說清楚，其實不是拒絕對方。相反的，你若是真心想幫助對方，避免她做出更不恰當的反應，傷害了這段關係，你愈早把自己說明白，對方才有機會調整。否則就像那位讀者，如果我不說，讓她繼續問，而她又不是那種喜歡占人便宜的人，在她意識到自己失禮之後，會不會對我更加的抱歉？之後，反而更不敢找我協助？而我以為自己在對人好，其實反而讓對方更難下臺。

所以，**那些默默承擔的朋友，在隱忍的同時，不一定讓對方覺得更愉快。而且「忍」這個字很有趣，仔細拆解，就是心上插了一把刀。當你在忍耐的時候，其實你身體是有痛覺反應的。而這樣的不舒服是一種提醒，目的是希望你除了忍，還能夠更進一步去關照它。就像身體會疼痛是為了告訴我們哪裡出了問題，提早作出調整，忽略掉、不去管他，只會讓狀況更嚴重。**簡而言之，學會建立界限的首要功課，就是戒掉「忍讓」的習慣，承認自己有所期待、需要照顧。

你呢？你也是那種不喜歡開口提出要求的人嗎？總希望別人有讀心術，能猜得到你的想法嗎？希望我的故事可以給你不同的思維。當你把自己的原則或想法說出來，不等於對方就得直接買單，至少讓對方有機會進入你的世界，瞭解你的需要。如果你連一個入口都不給，又怎麼能期待對方真正認識你呢？瞎猜的結果，很可能兩個人都受傷了。

把自己說清楚是一種習慣，而做到這件事情的前提是，你得花一點時間好好問問自己，我真正要的是什麼？不能只存在模糊的感覺。當你不知道自己要什麼的時候，別人給你什麼都不對。你的不好意思，是別人挫折的源頭。

也許別人不是故意要傷害你、侵犯你的界限，而是他真的摸不著你底，一不小心就踩到你的線。你若真想體貼，從現在開始學著說清楚吧！你想要的親近，不侵犯，才有可能發生。

適度距離，才能給對方成長的空間

先一篇我們談了默默付出、卻換來一身傷的案例，如果你再進一步仔細分析這些故事，很快地就會發現這當中「家庭因素」占了很大的比例。不管是前言談到「飛蛾撲火」子琪、「父母的情緒配偶」妍熙，還是「提款機大哥」品冠爸爸，他們都是為了家人犧牲奉獻，結果卻是一起掉入情緒的深淵。

家庭孕育我們長大，原本該是呵護我們的港灣，卻也在成長的過程中，帶給我們不少傷痛。看著吵鬧不休的爸媽，因為一點小事鬥嘴，負氣離家；遊手好閒的手足，荒唐度日；親人間為了金錢的事情，相互攻訐算計……這些情境，都會讓我們的心情跟著慌亂起來。

明知道有些事情，難以改變、棘手萬千，但是我們就是會放不下、忘不了、割不掉。不管在電話裡嘶吼得多麼用力、大聲地告訴對方你希望他怎麼做才好，一次次撂下狠話：「你再這樣，我就不理你了。」但是當家人出事的時候，你又是第一個馬上衝回家的人。

家庭，是許多人心中最大的牽掛，不管離家多遠，永遠惦記著在家鄉的親人，吃得好不好、穿得暖不暖、身體健不健康。而家庭之所以會傷人，往往也就在於我們捨不得看著家人受苦。所以寧可自己辛苦一點，也希望對方能過得好一點。這份「捨不得」，你是對家人的疼愛，看到路上受傷的狗兒都會憐惜萬分，更何況是自己最親近的家人呢？也因為距離太近，往往讓我們失去了判斷的焦距，一不小心就把家人的苦痛當成是自己的。

「感同身受」是老天爺給人的一份禮物，讓我們成為一個溫暖、可以給愛的人，但是超過一定的限度之後，過多的同理反而是一種阻礙。

記得我還是新手心理師時，每接完一個個案，我都覺得疲憊不已。因為每一個來到我面前的人，狀況好多、也好大，看著他們痛苦的神情，我既著急又害怕。我著急著他們的情況會惡化；我害怕著自己辜負了他們的信任。我想方設法地提供專業建議，思考著改變的可能，陪著他們換過一個又一個策略。然而，心疼的結果卻是讓我落入相同的無力感，反而對問題束手無策、一籌莫展。情緒過度融合的下場，就是陷入和對方同樣的邏輯，看不見其他的可能。

直到有一天，我遇到一個前輩，我告訴他執業的困境，他聽完點點頭，帶著一抹微笑說：「當妳要治療一個人的時候，妳就不能太認同他的故事。」

一時間，我無法理解，還有一點生氣地質問：「不能太認同？你的意思是要我不相信個案說的話嗎？他們會騙我嗎？」

前輩搖搖頭緩緩地嘆了一口氣：「他們說的都是真的，至少在他們的世界裡是真實的。也因為他們相信了這樣的觀點才會動彈不得。妳要做的事情，不是幫他『解決』他的問題，而是讓他看見自己是怎麼走到今天這個田地，讓他重新做一次選擇，決定要不要改變？」

這段話寓意很深，當時年紀尚輕的我，仍覺得只要我夠努力，沒有什麼做不到的事。我想繼續討論，但是前輩卻只是笑笑地說：「我能教妳的就這些了，剩下的要妳自己去體會。」

我不信邪，又橫衝直撞了一番。直到跌了許多次跤之後，才恍然大悟，前輩當初的指點有多麼的重要。他早在那一場談話中，示範了什麼是恰當的界限與分寸。

原來，當我太過積極介入個案的問題的時候，我就會一心只想要把他的問題除之而後快。但是這麼做，其實是搶走了他對問題的主導權，他才是自己生命的專家，他要為自己的行為負責，這才是真正成熟、有界限的表現。如果我沉迷於拯救者的快感，他就可以繼續當一個依賴者或受害者，等著別人替他解決問題、告訴他答案。就像他生活裡的其他人，只要抱怨個幾句、宣洩一些痛苦，就會有人出來解決。然後，這樣的模式就會在你我的人際中不斷地重複。剪不斷，理還亂。

我可以當他生命的見證者，陪他走一段路，說該說的話、做該做的事，如果對方執迷不悔，我必須學會放手，即使知道對方會跌倒，我一樣不能扶。假使我因為心疼、捨不得，不希望他走冤枉路，代替他處理他該面對的事，他就得不到應有的成長。就像那位前輩的指點，沒有讓我親身體會的話，我也不可能做到真正的放下。

我不能把對方的重量扛在自己肩上，好像他沒有變好都是我的問題。這樣的心態會讓我們只專注於把「問題解決」，而不是怎麼讓問題「不再發生」，就像打地鼠一樣，打愈快，地鼠只會愈來愈多。若不想疲於奔命，你得學會把插頭拔掉。

換言之，如果我不希望個案只有在跟我談話時才是好的，離開我的視線又變得軟弱無力，我得適度地和他的問題保持距離，才能看見全貌，才能找出問題的核心。但是當我這麼做，對方感受到的可能不是仁慈、積極、溫暖、善良的對待，而是有一點點冷漠、理智，甚至不近人情。

但是請別忘了，「通往地獄的路，往往都是善意鋪成的。」一如我們在【輯二】提到的那些案例，當他們急著把家人的問題攬在身上時，並沒有讓情況變得更好，而是一起陷入纏勒的狀態，關係裡的所有人都無法好好地存活著。

我們每個人都應該先是自己，才是別人的家人。老天爺把你們放在同一個屋簷下，不是為了相互折磨，而是幫助彼此成為更好的人。如果你發現你盡力了，對方仍舊不滿意，而你的付出換回的是一次次的傷害，那麼適度地拉出一點距離，就是必要的做法。

當問題又出現時，請別急著跳下去幫對方解決，或把對方的壞心情當成是自己的事。在對方沒有準備好要改變之前，我們唯一能做的只有「等待」。

等待，不是被動、不作為的。我喜歡把這兩個字拆開來理解，「等著」與「待著」。

等著，讓我們知道時機的重要，有些事情急不來，必須要有關鍵的轉折才能翻轉，或是當對方夠痛了才會真正的驚醒，在行為上做出改變。慢慢來反而比較快。待著，是不間斷的蟄伏、看顧和關照著，雖然我們的身體沒有行動，但是我們的心一直是保持著觀察、在意著對方。那是一種持續地投入，你知道自己的關注從來沒有移開，只是不再跟著對方大驚小怪。

等待，是一門智慧，更是一種修養。當你能夠停止無用的重複模式，關係才有可能長出新的互動。捨不得，終究得不到你想要的圓滿，懂得說「不」，捨得讓對方承擔應有的責任，你給出來的善意，才能帶領他一步步邁向天堂。

界限，是你的隱形防護罩，守護你的美好

我認識許多很願意付出的朋友，他們不管是面對工作還是生活，都是非常有責任感的，很怕自己的疏忽造成別人的困擾。總是把時間塞得滿滿的，幾乎快要榨不出一分鐘來。把他們的行程表攤開來一條條檢視，幾乎都不是為自己的事而忙，可能是為了付伴侶的帳單、小孩的勞作、同事的團購、老闆的報表、爸媽的藥單、朋友的苦水……**他們是別人心中最好的救火隊、避風港，各種難題找他們幾乎都會迎刃而解。**

他們把別人對自己的信任放在心上，以至於當他們在面對別人的要求時，馬上浮

現在腦海中想法是，「這件事情一定對他很重要，我可以做什麼來幫忙他」，很少去思考自己需要承擔什麼風險或後果。

也因為他們常常為人著想，立場相左時，老是第一個願意先配合、退讓的人，不願為難對方，以至於他們必須放棄自己的興趣與喜好，才能滿足外界對他的期待。每天忙進忙出，為了別人的事情像顆陀螺團團轉，早就忘記獨處的感覺。

明明是如此合群、隨和且任勞任怨的人，理應獲得大家的肯定與認同，但是好心不一定有好報。有時候，對方反而會看準他們這種超乎常人的「彈性」與「配合度」，要他們做出一些遊走於灰色地帶的事情，像是幫忙打卡、私帳公報、關說放水，可是當事情不如預期時，又都把責任怪罪到他們身上，讓他們備感委屈。不免會想是不是真的多做多錯，少做少錯，不做不錯，才能明哲保身呢？

這讓我想起一個經典的心理學研究。美國精神科醫生查爾斯・霍夫林（Charles K. Hofling）曾經做過一個實驗，他找了一個助理假扮「史密斯醫生」，分別打電話給二十二名夜班護士，詢問藥房裡是否有「Astroten」這種藥？

事實上，根本沒有「Astroten」這種藥，實驗改以一種無害的葡萄糖片假扮。在實驗進行前，助理事先將幾盒「Astroten」放入藥房中。等接電話的護士找到這個藥之後，「史密斯醫生」命令護士讓「瓊斯先生」（一樣是假病人）服用二十毫克的「Astroten」，並在電話中不斷地強調這是緊急狀況，他人在外面被耽擱了，十分鐘後就會趕到醫院，到時候再補上相關的文件。

但是關鍵點來了，藥瓶上的標籤註明：「『Astroten』五毫克。最大劑量十毫克，不得超過指示劑量。」

顯然醫生囑咐的二十毫克劑量實在太高，而且用電話遙控給藥，也違反醫院規定。但當時是半夜，只有護士一個人值班，無法跟其他人取得聯繫，如果是你，病患正在生死關頭上，你會怎麼做呢？

在研究開始前，實驗者詢問了控制組的十二位護士，有十位表示他們不會同意用藥，而二十一名護理系學生則全部都說會拒絕這個命令。可是真正進行後，二十二名護士中有二十一人都聽從指示給了病人服藥，幾乎所有人都「聽話照做」了。（好險在最後一刻，他們告訴護士這只是一個實驗，並訪問護士。）

這些受試者表示，由於當時通話的時間很短，加上對方的身分是醫生，以至於不疑有他，相信這個命令是安全的。等冷靜下來之後，護士意識到自己不該違反醫院政策，必須先確定這個「史密斯醫生」是否真有其人，並且嚴正拒絕醫生給病人服用未經授權的藥物。同時他們也提到過去遇到類似的情況，如果拒絕奉命行事，醫生就會生氣，這讓他們很為難。

在生活或工作中，你一定也會遇到相似的情境，因為職務的關係，對方請你幫一個忙，可是卻要你違反規定，好康他獨享，風險由你扛。在冷靜的時候，我們都知道這麼不公平的交易，當然不能接受。

可是一旦對方訴諸道德壓力，像是關乎病人的生死；或者涉及權力關係，比如醫生與護士、上司與下屬；再加上決策時間緊迫，沒有空間讓我們好好的思考，你我撤守原則的機會就會變大很多。

這時候只要過程中有一點差錯，背黑鍋的人就變成是那個最聽話、最盡責的人。古今中外，這樣的案例屢見不鮮。特別是在組織階層眾多的環境中，一旦上層出事，找人當代罪羔羊的可能性就會提高。

當我們不是當事人時，或許還能夠當成是茶餘飯後、閒嗑牙的話題，如果你是那個無辜的被害者，恐怕叫天天不應，叫地地不靈，畢竟是你同意放水或執行，這件事情才會發生的。此時，再來哭哭、討拍，為時已晚。

可是你一定覺得憤憤不平，為什麼最基層的人明明只是「奉命行事」，卻被借刀殺人、棄車保帥，難道沒有天理可言、不能事先防範嗎？

方法絕對是有的，這也是我們一直強調「界限」的原因。目的就是讓你的善良可以真正被值得的人珍惜，而不是被有心人利用。

我們再把霍夫林的研究看一次，如果接到電話的護士拒絕給藥，會有什麼結果？有很大的機率是，護士會承受醫生的怒氣，在情緒上受到影響，但是在法律上，護士是可以站得住腳的，因為醫生並不在現場，不能在沒有看過病人的情況下、寫出具體的醫囑前，就要護士進行任何的醫療行為。

其次，如果病人真的因為延誤用藥而病情惡化，甚或喪失生命，護士有責任嗎？如果護士已經做了通報的工作，是醫生自己耽誤了時程，那麼最後仍舊得由醫生自己去面對醫療疏失的問題，而不是護士。因為護士的職責是輔佐醫生，而不是治療病人，病人的病情該由主治醫生來管理，這樣分工合作才有意義。

反之，如果護士聽了話給了藥，最後病人真的不幸因為劑量過高致死，此時，執行命令的護士就難辭其咎了。因為他不僅疏忽了藥物的危險警告，而且沒有證據證明這是醫生開的藥（除非有錄音），如果醫生硬是要裝傻到底，護士是沒有任何反擊能力的，只能被動地承受不白之冤。

換言之，堅守界限雖然會遭受對方的情緒壓力，卻不會讓自己陷入法律泥沼，而動彈不得。特別是離開學校之後，接觸到的人事物愈來愈多元，擁有自己的界限變得格外地重要。

它將保護你遠離潛在的風險，避免捲進複雜的情況，最後騎虎難下。你若太想要得到每個人的喜歡，來者不拒，很容易把自己置於危險處境，失去保護自己的能力。一不小心好人沒當成，卻先變成了犯人。

值得一提的是，在霍夫林醫生完成這個實驗之後，又有兩位研究者進行類似的研究，但是這一次他們要求護士給病人服用的是過高劑量的煩寧（Valium，一種鎮靜安眠藥），而且可以跟其他同事討論。

結果十八個人當中，有十六個人拒絕讓病人服藥。

之所以有這樣不同的結果，來自於護士本身就對此種藥品熟悉，再加上有同事可以商量，更加深他們對自己的信心，敢去質疑醫生的做法。

這也讓我們看見，當你對你的專業愈熟悉，別人就愈不敢隨意地踰矩；同時，有意識的建立自己可以信賴的社會支持，是非常重要的。這會讓我們在信心動搖時，多了一個可以參考的依據，不需要獨自去面對龐大的壓力。

盡忠職守，是你對工作的一份敬意與態度；古道熱腸，是你給這個世界的禮物。如果少了界限當作防護罩，這些善意與熱忱，很可能就會變成有心人士操作的手段。

你可以把「界限」想像成是你做人處事的「原則」，古人有一句話：「不以規矩，不成方圓。」這句話的意思是，當你沒有了圓規、曲尺等工具，你就不能畫出任何一個完整的圖形。

同樣的，什麼事情可以，什麼事情不行，就是你安身立命的「原則」，少了這個標準，你的美好就無法被真正值得的人珍惜。

然而，這些原則並不是與生俱來，而是在成長的過程中一點一滴累積而成。

這也是我們在下一輯的內容中，即將要跟各位分享的，如何建立屬於自己的心理界限，讓自己既能夠獨立又可以親密，不再因為各種大大小小的事，把自己搞得傷痕累累。進而戒掉受傷害，活出心希望。

輯 3

戒傷害練習：建立完整自我能量

終於我們走到了最後一個階段，前面我們談了許多心理界限對一個人的重要性、失去界限可能帶來的影響或傷害，以及在默默付出的背後值得被珍惜的力量。

一如我先前一再強調的，瞭解自己有哪些特質或狀況，並不是為自己貼上更多的標籤，而是在發現之後，可以「化被動變主動」，透過有意識的戒傷害練習，成為自己想要的改變。

這麼多年的實務經驗，我通常喜歡把時間花在和個案討論「怎麼做可以活得更好」？如果沒有必要，我不覺得每一個人都需要追根究柢，找出為什麼拒絕別人會這麼困難？我會在意別人評價的終極原因是什麼？畢竟人是很複雜的，我們今天之所以會有某種行為，很難說是只有單一因素造成的；再者，過去的歷史已經無法改變，理解雖然可以帶來釋懷，但是如果沒有搭配行動，仍舊只是原地踏步。

我很喜歡心理學大師薩提爾（Virginia Satir）女士，曾經說過的一個「換水管」的比喻。她說很多人，特別是喜歡做心理諮商治療的人常有一個習慣，就是很喜歡找源頭，找問題的起緣，找困住的原因，拚命認真地去挖掘、找尋。但是就算你知道了成因，也不等於你有力量可以打破僵局。

就像你家裡的水管生鏽了，再不換掉就可能漏水了，你是要拚命去研究水管為什麼會生鏽？還是直接換新？有一點裝修經驗的人一定很快就回答：「當然是換新水管啊！生鏽的水管再怎麼修，還是鏽蝕過的水管。」

是的，沒人會去修生鏽的水管，最有效率的作法就是直接換新。同樣的，不論你覺得自己的界限是否清楚，如果你認同堅持自己的原則，是可以活得更自在的必要策略，那麼【輯四】的內容將會是重要的入口，幫助你一步步描繪出屬於自己的輪廓。

在這一輯裡，我會先分享何謂「健康的心理界限」，並藉著「由內而外」的重要信念，提升個人心理的強度，允許自己可以拒絕他人、不再隱忍退讓；接著再透過「由外而內」的配置方法，有計劃地使用個人生命資源，好好地運用自己的時間與金錢，不再浪費在消耗自己的人事物上。

相信讀完這三個篇章，你將能掌握自己的心理界限，不再隨著外界的期待起舞，能夠與人有所連結，又能保持個人的獨立，活得自由又滿足。

戒傷害練習之前：何謂健康的界限？

界限最無法清楚說明的地方在於，有些人你可以很快拒絕，但是有些人，你就是無法立即說出自己的想法。換言之，我們心中那條無形的心理界限，並不是一道固定不變的圍籬，會隨著周遭環境和個人狀態而略有調整。

在談怎麼修復心理界限前，我們得先花一點時間瞭解，什麼才叫做健康的界限？我們需要具備什麼樣的態度，才可以不再受傷害，活得既親密又自主。

假如我們將那道無形的心理界線比喻成一條線（見33頁），心理界線的兩端，分別是兩種極端的表現，一邊是我們與內心的糾結，一邊是封閉自我、疏離人群，而介在這兩者中間的，是相對起來比較有彈性、清楚的心理界限。當然這其中的變化，偏左或偏右，會因為你面對的人、事、物，而有所不同。

我們在前面的篇章中已經花了許多篇幅，透過幾種常見的案例，描述了界限不清對個人的影響，像是：犧牲奉獻，掏空自己卻得不到應有的尊重、任勞任怨卻成了代罪羔羊、付出被視為理所當然，不斷地加碼提出更多要求，讓人疲於奔命……等。

相對於模糊的界限，另一端封閉僵固的界限，其實也會造成關係上的困擾。例如，情感麻木，讓人覺得沒有溫度、漠不關心，缺乏與人互動社交的能力、難以對他人產生信任感、流動性大、無法維持長久的關係，信守承諾等等。

此外，你會發現那些界限僵固的人，經常會用：沉默、憤怒、封閉等表現，來隔離自己與他人之間的距離。

你可以把界限想像成一條橡皮筋，模糊不清的人，面對外界的要求經常是來者不拒，不斷地勉強、苦撐的結果，就是有一天彈性撐到極限，最後應聲斷裂。而封閉疏離的人就像是把橡皮筋拿去冷凍庫儲存，在嚴酷、缺乏濕度的環境下，橡皮筋同樣也會脆裂、分解，發揮不了任何連結的作用。也因此，過猶不及的界限都是需要重建與修補，才能在人際中活得自在又滿足。

而健康的界限又是怎麼一回事？我該怎麼判斷自己的界限合不合理？有沒有太過討好或冷漠呢？

如果就家族治療的角度，「心理界限清楚」就是「自我分化」程度很好的人，也就是說，這樣的人在心智和情感上都可以脫離家族的控制與影響，有獨立思考的能力，能做出最適合自己與團體利益的選擇。他們不會因為情緒而被關係中的其他成員綁架；同時對家庭保持歸屬感，認同自己是這個家族的一分子。

聽起來很饒舌對吧？

我們直接以【輯二】提到的故事〈提款機大哥〉作為案例，帶著大家再次分析，如果是一個心理界限清楚的人，將如何反應與處理呢？

親人間的金錢來往，經常是處在一種曖昧不清的狀態。借了，該不該收取利息？該不該寫下借據，以免未來翻臉不認人？不借，會不會讓人覺得冷漠無情，六親不認？就像「父子騎驢」的故事，不管怎麼做都有人會說話。

面對這個議題，千萬別陷入二分法，在「借與不借」之間糾纏煎熬。你需要用一種新的問句，以「什麼樣」開頭的句子，來幫助自己釐清思緒。例如：

- **什麼樣的情況下，我可以借？**
- **狀況演變到什麼局面時，我就不借？**

如此，你的思維就可以從「全有全無」到「條件論」，為自己增加更多彈性。

舉例來說，如果品冠的爸爸，可以先把整個局面想清楚，理解到他的爸媽其實期待的是看到弟弟「出人頭地」或「成家立業」，別再遊手好閒、好高騖遠，那麼有沒有創業就不是重點了。這時候，他就可以把借錢變成一種選擇題，而不是是非題。

他可以告訴爸媽：「我也很希望弟弟這一次可以成功，但是創業需要很多能力上的配合，像是成本概念、業務能力，不然再好的機會也抓不住。所以，是不是可以請弟弟先去上班，一方面培養實力，另一方面存錢，讓自己更有充足的準備金，也不怕市場的變化。等他存到三十萬，剩下來不足的部分我來想辦法，只要不超過三十萬（設下底線），我還負擔得起。這樣我也可以盡一點大哥照顧弟弟的責任。」

此時，球就回到弟弟身上，他只有兩條路可以選：

第一，認真努力好好工作賺錢，累積資源。假使他真的辦得到，這時候做大哥的也比較放心，弟弟不會只是信口開河，把錢拿去揮霍。

第二，他覺得很麻煩，不願意延宕滿足，回頭向老父母告狀。這時候做大哥的只要踩著我是願意借的，但是沒理由把錢花在前景未明的項目上，弟弟必須拿出證據與決心，證明自己承擔得起一家公司的營運才能支持，否則就是陷弟弟於不義之中。

這麼一來，大哥既保有與爸媽關係的連結，又可以不受弟弟情感上的勒索，把掌控權握在自己手上，不需要人云亦云。巧妙的轉移父母親的焦點，同時也保護了自己不被弟弟得寸進尺。

但是要怎麼做，才能夠具備這樣的心理素質呢？在接下來的幾個篇章中，我將會一一與你分享。

戒傷害練習一：由內而外，把體質調整好

當你發現你在一段關係中，愈來愈覺得消耗，整個人空空的，好像快要沒有自己了，代表你的內在空間正被強烈的擠壓。

這時你可以透過以下五種方法，抵擋外來的一些壓力，以維持心裡的平衡。

更藉此試著幫助自己釐清心理界限，區分出：

什麼是你該負責的，什麼不是你的責任。

方法1 接納自己的需要和感受

許多默默付出的朋友，總是把目光投向他人，卻忘了低頭看看自己的需要，直覺性地認為找別人幫忙，就是麻煩別人。於是經常下意識地否認自己的需求，只要看著別人好，自己就會跟著快樂。然而，施與受就像人的兩隻腳，長期僅用其中一隻腳走路是很吃力的，而且也走得不遠。此外，當你在關係中只會犧牲或成全的方式與人互動，其實你是在扼殺旁人學習付出的機會。

一個真正信任別人的人，才能坦然接受他人的幫助。換言之，如果你對於表達自己的需求有困難，很可能你只是把「不放心」包裝成「付出」，才需要事必親躬。

可是，**人不是機器，你不用每次都要求自己當「處理器」，偶爾當一下「分流器」，讓訊息只是通過，不必停留，肩上的壓力自然會變少。你不需要一直堅強，允許自己也有被照顧的時候，別人的愛才找得到入口流進來。**

當你發現自己好像又開始忙得像顆陀螺，不停地打轉，這時不妨問問以下幾個問題，或許就能幫自己把界限慢慢地找回來，活得自在優雅。

- 這件事情是怎麼發生的？和我有關嗎？誰是真正該負責的人？
- 如果我介入了，對整件事情會有什麼影響？（請你明確列出好的影響&壞的影響）
- 我計劃怎麼解決？有沒有替代方案？非得由我處理嗎？
- 我需要付出什麼代價？這代價我可以欣然接受嗎？我能承受的底限是？
- 過程中如果發生困難，情況不如預期，我可以從哪裡得到協助？
- 完成這件事情我有什麼感受？我會更開心？還是更疲憊？

當別人丟球給你時，別急著做反應，花一點時間釐清自己的想法，搞清楚整個事情的來龍去脈。也許問題還沒問完，你就已經知道該怎麼回應了。

此外，要能夠把別人的情緒切分出去，首先你得先接納並尊重自己的感受，允許自己會有低潮、瓶頸、疲憊、焦慮，才不會過度勉強自己，非得要做到面面俱到不可。進而才能清楚地表達出自己的期待，讓別人知道你的界限。

方法2 把決定權拿回來

讀到這裡，相信聰明的你很快地就意識到把界限劃清楚，就是把自己的期望明白地講出來，讓對方知道自己的需要，這樣別人就會知道怎麼跟我們相處了？

這一個做法其實只對了一半，當你表達自己的期望時，你不能只期待對方調整，把改變的權力交給對方。相反地，你必須有意識地保有自己行動的選擇權，無論對方怎麼反應，你都會做出最適合自己的決定。

【輯二】中的〈救世主女孩〉，蘇菲面對男友傑克的需索無度、自暴自棄，如果她告訴傑克：「『你』必須振作起來，不然我們的感情會走不下去。」那麼這句話的主導權就會落在傑克身上，蘇菲會一直期待傑克有所變化，然後她的願望就可以達成（繼續幸福快樂的戀情），而不是把焦點放回自己身上，去想不論傑克的決定如何，她可以怎麼為自己的生命負責？

蘇菲得重新表達自己的需要，換一種句型跟傑克溝通：「我發現這段關係已經失衡很久了，繼續無條件地支持你，其實只是延長你逃避的時間。所以，不論你願不願意振作起來，『我』都會開始新的生活，下班後安排自己的活動，『我』決定把自己照顧好，這是我現階段最該做的事。」

當蘇菲這麼說，傑克一定會覺得自己被拋下了，然而這樣不舒服的動力，才有可能改變他們的關係結構，不再是蘇菲卑躬屈膝地服侍傑克，而傑克繼續自怨自艾。假使傑克真的很在乎蘇菲，他就會開始改變自己的行為，試圖挽留蘇菲的心。

但是我們絕對不可以排除，傑克並不是真心愛蘇菲，他只想利用蘇菲，賺錢供他花用。因此，蘇菲必須認清她不能依賴傑克的決定，來規劃自己的下一步，她得先慢慢地找回自己的社交支持系統，即使離開傑克，仍有資源可以幫助自己度過低潮。

所以當她表達自己的期待時，她需要讓自己和傑克都很清楚，這件事情是由蘇菲說了算，而不是任由外在的反應左右自己的行為。

同樣的，你還記得我們【輯一】裡，也有一對熱戀中的小情侶仁華和佳靜的故事嗎？當仁華面對佳靜的好意，期待他早點收工回家吃晚餐，如果仁華妥協了，佳靜就會學到用撒嬌、耍賴的方法，就可以讓仁華配合自己的期待。久而久之，慢慢地演變成一種固定的模式，佳靜可以隨意地操控仁華的行蹤，只要是她覺得對仁華好的事情，仁華就沒有拒絕的餘地。

因此，仁華若要學著站穩自己的原則，他必須有勇氣跟佳靜說：「『我』計劃今晚要完成客戶的草稿，忙完才會回家。妳可以等我回家再吃飯，也可以餓了先吃，這部分我相信妳會照顧好自己。回家後，如果妳不累，我會願意陪妳說說話。」

仁華在這段表達中清楚告訴佳靜他的計劃，同時也讓佳靜清楚，他是珍惜這段感情的，但不能是以犧牲工作為前提，來換取佳靜需要的安全感。如此，他們才有可能在這段關係中，學會真正的成熟與獨立。

總括來說，**當你在表達自己的界限或期望時，不能只告訴對方「你不要他怎樣」，同時你也要說出你可以接受的條件與作法**。如果對方願意尊重你的遊戲規則，關係就能夠繼續互動下去；如果對方侵犯你的領域，不論是時間、空間或情緒，你要能做出相對應的行為，離開或阻止對方繼續這樣對待你。

方法3 賦予新意義

容易受傷害的人，也是很願意為別人默默付出的人，所以很容易被小事影響，當情況不如預期時，他們習慣用「自責」的語言來歸因事情的成敗，像是：

- 都是我不好，問題才會發生。
- 是不是我太粗心，才會讓他受傷？

・如果我可以提早準備，說不定就不會錯過了。

這些自我批評的話，讓他們愈來愈沒有信心，不敢提出自己的需要。

當你陷入自責的無限迴圈時，不妨試著轉移焦點，幫助自己脫離負面情緒的流沙。用心理學的方式來說明的話，就是：重新框架（reframe）。這是一種認知的技巧，透過意識焦點的轉移，當事人開始從不同的角度觀察事物，不再執著於某一種想法，可以看見其他的可能性，進而賦予事物新的意義，或是感受到背後隱藏的正面力量。

愛迪生有一句名言：「我沒有失敗，我只是找到一萬種行不通的方法。」就是一個很好的範例，讓失敗不在是一種無助消極的狀態，而是更接近成功的過程。懂得自我反省是一件好事，但是把所有的責任都攬在身上，很容易變成自我攻擊，無法看見過程中的力量與學習。**重新定義目的，是找出新的可能性，讓事情有不同的進展，而非停滯不前，活在過去的創傷中。**

我們以【輯二】的〈便利貼女孩〉來延伸說明。

那個故事之後有了新的發展。我在瞭解完惠蓉內心歷程後，用我的專業陪著她在心裡回到五歲的時空，用長大後的眼睛，重新看清楚整個家庭的互動。在抽絲剝繭的引導下，她忽然明白了，原來父親和繼母的爭執，早在生下弟弟之前就存在。他們的結合本來就缺乏良好的認識、信任的基礎，再加上兩人都不擅溝通，情緒一來，就是怒目相視、惡言相向。惠蓉只是父母用來卸責的藉口，這一切並非她的錯。

她重新定義了自己的退縮與封閉，其實是為了維繫父親與繼母脆弱的婚姻，讓他們的挫折有一個出口，無須面對自身的問題；以及避免激化大人的情緒，讓他們更生氣。雖然這個做法會讓惠蓉自己覺得委屈，但是這已經是她幼小的心靈所能想到的最好策略了。

當惠蓉可以認同自己過往的反應，不再自責之後，她才有信心面對接下來的人生。帶著這樣的理解，我問惠蓉如果可以，她會想跟那個五歲的自己說些什麼？

惠蓉沉默了一會兒：「我想跟五歲的自己說，別怕，妳是勇敢的，妳已經表現得很好、很讓人放心，爸爸跟阿姨本來就不相愛，這不是妳能處理的。還有，媽媽過世更不是妳的錯，雖然她明知道有危險，但是因為愛，選擇把妳生下來，妳要努力活出快樂，這樣媽媽在天上才會覺得值得。」

語畢，兩行淚滑下臉龐。

後來，惠蓉跟我說，那次對談結束之後，她回家睡了好久的覺，有好幾天怎麼睡都睡不飽，一心只想休息，什麼事情也做不了。可是在那之後，她覺得自己整個人像脫胎換骨，對生命充滿了盼望，不再覺得無助匱乏。並開始學習一些新的事物，為自己安排度假旅行，也會好好的照顧自己。

她在工作中也練習說出自己的觀點，儘管不是最吸引人的想法，可是至少別人感受得到她的在乎，而不是可有可無。聽著她的分享，我知道惠蓉心裡的傷慢慢地在癒合，她有力氣保護自己了，能區分自我與他人的不同。

這只是一個起點，卻是重要的開始。

方法4　調整內在的語言

此外，你可曾發現，即使沒有人跟我們說話，我們內心裡仍舊有許多小聲音，不停地轟炸我們的腦袋，像是：「這樣做好不好？」、「會不會失敗？」等，比起聽得到的話，這些沒有說出口的言語，對我們的影響反而更為強大。特別是心理界限相對比較不明確的人，由於生活的焦點經常是擺放在他人身上，以至於他們在做任何決定時，往往考量的不是自己的感受，而是別人的看法和感受，像是：

- 「她」會不會覺得我很自私？
- 這麼做，會不會造成「別人」的麻煩？
- 「爸爸」很希望我可以出席，不參加，說不過去。
- 「同事」對我這麼好，沒有理由推辭。
- 「主管」說，如果我願意幫忙，大家就能趕快下班。

仔細分析，很快地就會發現這些句子的主詞幾乎都是「別人」，很少用「我」做為主導。再加上他們在陳述自己的看法時，經常使用「應該」、「必須」、「一定」等封閉性語言，更窄化了他們思維的可能，好像眼前只有一條路，如果不照做，結果就會很糟糕。這些非理性的信念，就像緊箍咒，讓他們一再地重複相同的行為，承擔過多的工作或請求。

這些容易受傷的人們，本身就比較害怕衝突，如果你要他們直接拒絕別人，對他們來說壓力太大。因此要改變這些習慣，「覺察」是很重要的第一步，如果沒有發現自己經常使用這些語詞，就只會朝著慣性的方向前進。

覺察的目的，就是讓我們有機會停下來，想一想，非得用這樣的語言繼續和自己對話不可嗎？能不能試著換一種詞彙，幫助自己重新思考？

我們以【輯二】〈父母的情緒配偶〉妍熙為例，我鼓勵她每當腦海中又浮現一些小念頭，像是：

- 我「應該」要回家陪媽媽吃飯。
- 媽媽一個人很孤單，我「必須」帶她出門走走。
- 媽媽沒有我，「一定」會很可憐！

當這些想法出現時，先好好地深呼吸，把「應該」、「必須」或「一定」這些語言，換成是「我選擇」代替試試。結果會變成：

- 我「選擇」回家陪媽媽吃飯。
- 媽媽一個人很孤單，我「選擇」帶她出門走走。
- 媽媽沒有我，我「選擇」覺得她是可憐的。

透過語詞的置換，妍熙發現自己少了一種被壓迫感，不再是不得不留在這個家中。既然她可以選擇回家吃飯，下一次也可以選擇帶媽媽出去吃，遠離不好的氣氛。

其實對這群默默付出的朋友而言，照顧他人已經是他們根深蒂固的直覺反應，若要他們只把自己管好，不理別人，難度太高，而且即使做到了他們也不開心。倒不如讓他們從被動要求，換到主動判斷的位置上，賦予他們選項，讓他們決定自己的力量可以怎麼使用，再一點一滴地長出信心與自主。

否則，就算我們想幫助他們，很可能還是複製了「聽話照做」的模式，我們變相成為一直在灌輸他們什麼是好、什麼是不好。

從內在的語言調整起，他們才有機會做自己的主人，學會疼惜自己。

方法5　打破想像

很多時候，我們之所以無法拒絕對方，來自於我們捨不得看見對方苦惱的表情，只好勉強自己接受請求，只為了讓對方眉頭舒展開來，重拾笑顏。然而，你有沒有想過，那些擔心與心疼很可能不全是真的，而是來自於你個人的投射？

講一個生活趣事。我有一個朋友，一個人在臺北工作、定居，每次回鄉探親，離開前媽媽總要她帶上一大堆水果或食物，吃都吃不完，讓她非常苦惱。總是要上演一段你推我躲的拉鋸戰，直到母親的愛心都塞滿了行李，媽媽才肯放她離開。

她不只一次告訴媽媽，東西吃不完，放在冰箱也是放到壞掉，很可惜。可是媽媽都說：「不多啊！一天吃一點，一星期就吃完了。」看著媽媽這麼努力想要孩子吃得營養一點，朋友怎麼樣都狠不下心拒絕，只要媽媽表現出一絲絲落寞的表情，她就兩手一攤，直接投降，任由母親安排。

朋友跟我講完她的苦惱之後，我說：「妳有沒有發現，妳和媽媽都用自己的想像在推論對方的狀態，而不是真的進入對方的世界瞭解真相？」

我請朋友下次回臺北，把冰箱被塞爆的樣子拍下來，傳給母親看。然後繼續生活，直到食物因為吃不完開始發霉腐爛，再把案發現場的狀況拍下來，下次回家時拿給媽媽看。

為什麼這麼做呢？其實這位母親並不瞭解小孩的冰箱有多大？食量有多好？所以她不自覺得就會把自己的標準套在孩子身上。這個時候，孩子不是努力去反駁，而是拿出證據打破母親的想像，讓母親真實感受到她能接受的善意有多少？超過了孩子的負荷就是負擔。

有趣的是，當朋友真的這麼做，她的媽媽就不再拚命塞東西給她了，而是直接問她：「妳這一次可以拿多少？」讓朋友覺得有自主權了，而不是被強迫。但是重點來了，那些帶不走的心意，仍舊會讓朋友覺得有壓力，好像辜負了母親的愛。

面對這種糾結的情緒，我請朋友回臺北後第二天，打電話給媽媽關心一下，詢問後來那些遺留下來的食物怎麼處理？結果出乎意料的是，媽媽居然一派輕鬆地跟她說：「我就給隔壁的王媽媽啊！她家人多，一下子就吃完了。一直稱讚我手藝好，還拿了一些水果謝謝我哩！」朋友的推卻反而促成了街坊鄰居的交流，媽媽依舊做得很開心，從此朋友可以很放心，不用再牽掛著東西沒帶走造成母親的麻煩。

其實，你不試著放手，你就不會知道對方擁有多少解決問題的能力，很可能我們的過度擔憂，反而限制了對方的成長。

也就是說，如果我們不懂得去澄清事實，一味地只用自己的以為去推論對方的狀態，就會卡在同樣的情節裡，不斷地輪迴、重播、難以改變。

你得學著培養「核對」的能力，不害怕把鍋蓋掀開來，才有機會加入新的觀點；同時問題也可以提早被發現，不會一直積累著，直到最後一次大爆發，造成難以挽回的悲劇。

戒傷害練習二：由外而內，強化防禦力

如果說把上一篇「由內而外」的練習，是藉由觀念與心態的調整，讓自己的內心界限可以漸漸地變得清楚、明確，而這個過程就像看「中醫」，需要透過比較多的時間，慢慢地調理體質，一點一滴提高心理強度。

那麼在本章「由外而內」要練習的，是運用實際的作法與策略，審慎地檢視並規劃個人的生命資源，包括：時間與金錢的使用方式，進而建立起完善的防護罩，就像運用「西醫」先進的檢驗儀器，先找出我們受傷症狀的根源，再直接對症下藥。

我發現許多心理界限較脆弱的朋友，長期處於非常糾纏的關係，自我意識早已被消磨殆盡，只留下他人的期望和評價。因此，要他們立即運用上一章提到的方法，捍衛自己的權利是有難度的，必須仰賴當事人很大的決心與覺察，才有可能堅持下來，即使中途遭遇再大的情感勒索，也不為所動。

然而，這種訴諸個人意志力的考驗，效果是很不穩定的，很容易因為過程中的挫折而放棄改變。因此這些年來，我在進行晤談時，除了幫助個案增加對自己的信心外，我更重視從實際面著手，協助當事人有能力「管理」自己的界限，而不是憑「感覺」判斷。

所以我們在這一章要練習的是，我會分享如何透過「時間管理」和「財務管理」，來幫助大家確認自己的界限該如何設定？

以及當別人有求於你時，是該慷慨相助，還是婉言拒絕？這個過程可以透過具體化的工具，來協助我們做出判斷，不再苦於每一次都在心裡糾結、翻騰。

或許有人會覺得，時間管理和財務管理應該出現在商管經營類書籍，好像跟心靈成長類格格不入。但是我之所以會從這個角度切入，動機來自於個人的專業訓練。不只是諮商輔導，我在大學的主修是經濟；且在生涯上不是投身在醫療或教育機構，而是選擇了自行創業，促使我有更多的機會，瞭解一般人在真實世界裡的挑戰。

所以，除了大家熟悉的心理療癒途徑，我更希望透過實際、可操作、可視化的策略，來支持容易受傷害、為此所苦的人站穩立場。

對我來說，內在療癒和外在管理，是相輔相成的，必須內外兼修才算完整。如果只有外在管理，沒有內在療癒，可能走不久，不知為何而戰；但是只有內在療癒，缺乏外在管理，卻會走不動，只能在原地打轉。

相信當你能將這兩種策略都運用自如之後，即使面對重大的阻礙和困境，都可以謀定而後動，不會因為外界的壓力而動搖。

策略1 有效管理個人時間，不被別人的事情移花接木

對一個人來說，生命中最珍貴的資源並不是有形的財富，而是無形的時間，一旦給出去就收不回來。而那些總是願意為人著想、主動付出的人，在允諾別人，盡心盡力完成工作後，之所以會覺得不平衡，並非事情有多難、壓力有多大、過程多奔波，而是感覺自己的時間沒有被好好地珍惜，彷彿做這些事情是理所當然，對方呼之則來，揮之則去。

如果你問他們當初為什麼會答應別人的請求，他們的理由可能是：

- 我以為只要多加班兩、三個小時，應該就可以忙完了。
- 這應該花不了太多時間，順手幫忙一下，還好吧！
- 累一點，熬個夜而已，一下子就搞定了。

於是時間就這樣東扣西減，變得破碎、零散，似乎都在忙別人的事情，難以把注

意力放在自己身上。

再仔細分析這些話語，你會發現他們在評估一件事情該不該幫忙時，腦海中盤算的是很短暫的時間概念，可能是幾個小時、幾天。我們很少停下來，先做一個通盤的考量，看看自己一整天、一星期、一個月，甚至一季的安排之後，再答覆對方的請求。

我們以【輯二】〈好累的蜘蛛人〉瑞廷為例。

由於瑞廷是一個多才多藝的人，所以當組織夥伴尋求協助時，他總覺得不過是舉手之勞，花不了太多時間，卻忘了任何一件事情的進行，不只有執行的當下，事前的預備往往隱藏著更多的細節。就像中國料理，真正開火炒菜的時間不多，但光是備料，就足夠忙上一整個下午了。

所以，我在瞭解瑞廷的狀況後，我邀請他開始有意識的管理自己的時間，詳細的做法如接下來的四步驟。

第一步 記錄時間帳

就像減重的第一步是記錄飲食內容，才能瞭解自己攝取的熱量是否過量？營養均不均衡？

同樣的，管理自己的時間，不只是把行程寫下來，進一步更要明確紀錄自己每一天、每一個小時如何使用。我請瑞廷去書局買一本手札，或是自己用電腦軟體製作表格。（格式如【表二】）

然後詳細記錄從醒來之後，每一個小時是怎麼運用的。你不需要逐一把每一個動作記下來，只需要清楚交待那一個小時主要的活動，比如：交通、會議、用餐。

盡可能讓紀錄這件事情是方便、容易的。剛開始練習時，最好是一個活動做完就馬上寫下來，再不濟以上午、下午、晚上做區分，完成一個時段就紀錄，以免因為忙碌而難以回想。所以，手札、表格或電子紀錄軟體，必須能隨身攜帶。

	Mon	Tue	Wed	Thu	Fri	Sat	Sun
07:00							
08:00							
09:00							
10:00							
11:00							
12:00							
13:00							
14:00							
15:00							
16:00							
17:00							
18:00							
19:00							
20:00							
21:00							
22:00							
23:00							
00:00							

〔表一〕一週活動表

就這樣瑞廷紀錄了他的生活一個星期，下一次我們見面時，他劈頭就說：「我從來不知道自己花那麼多時間處理別人臨時的請求，特別是重要會議的前一週，工作量真的非常驚人。」

很多時候，人們總以為是自己在「過日子」，殊不知真相是「被日子過」，我們成為了事情的僕人，而不是生活的主人。

第二步 統計時間向度

有了實際的數據之後，接著我請瑞廷把上頭紀錄的活動分類，按緊急度和重要性，區分成四個向度。（如圖【表二】）

例如：主持活動、服務客戶屬於第一象限（緊急又重要）；運動、進修、自我提升屬於第二象限（重要但不緊急）；臨時有訪客或電話、回 Line 或 FB 訊息等突發狀況，可被歸為第三象限（不重要但緊急）；打電動、滑手機、看電視則是第四象限（不重要、不緊急）。

向度的決定並沒有一定的標準，而是回到個人的判斷。例如，有些人會覺得交通時間，是屬於第三象限，時間到一定要出發，但是實質上並沒有任何產出；不過，有些人會利用交通時間，收聽一些知識性的頻道或APP，一邊移動、一邊充實腦袋，而把交通歸類於第二象限。

第二步　統計並檢核自己的時間向度

分類完成後，我請瑞廷先以天為單位，統計一下自己每天花在不同象限的時間有多少？（如【圖二】上方的「小計」）接著，再以週為單位，算出自己一個星期花在不同象限的時間為何？（可進一步參考【表三】百分比多寡？以及【表四】有多少比例做重要的事情？有多少比例做緊急的事情？）

	緊急	不緊急
重要	I	II
不重要	III	IV

〔表一〕一週活動表

很快地瑞廷就發現，他的生活幾乎快被第一象限的事情給占滿，難怪他覺得每天都過得又忙又累。若在繼續分析落入第一象限的內容，究竟是什麼樣事件時，瑞廷非常訝異幾乎有百分之八十以上的事情，都不是他個人的工作範圍，而是別人把自己的工作陳倉暗渡，像是剪輯、連絡廠商、支援同事等。

不幸的是，如果你每天絕大多數的時間都在做「緊急又重要」的事情，很容易變成無頭蒼蠅，哪件事情先發生就先去做，被外在的刺激給綁架。主控權不在自己手上的下場，很可能即使你已經盡心盡力，仍是瞎忙一場，不見得能把事情做好。

要能夠按事情的輕重緩急，決定自己處理的方式，而不是發生的順序，事前的規劃與準備是關鍵。但是一般人常常會忽略「重要但不緊急」的事情，像是運動、投資、減肥、學習、規劃……等。這些活動暫時不去執行，並不會有立即狀況。可是長時間不運動、超重，就會危害身體，等到生病不得不看醫生時，就變成「又緊急又重要」的事情了。

日期	Mon	Tue	Wed	Thu	Fri	Sat	Sun
小計	11 ⁝ 0	6 ⁝ 7	11 ⁝ 1	7 ⁝ 5	10 ⁝ 4	7 ⁝ 2	0 ⁝ 5
	6 ⁝ 1	3 ⁝ 2	5 ⁝ 0	4 ⁝ 2	3 ⁝ 0	5 ⁝ 2	5 ⁝ 5
07:00	起床梳洗 3	起床梳洗 3	起床梳洗 3	起床梳洗 3	起床梳洗 3		
08:00	交通 3	交通＋APP2	交通＋APP2	交通 3	交通＋APP2		
09:00	準備簡報 1	關心同事 2	支援同事 1	企劃會議 1	資料分析 1	起床梳洗 3	起床梳洗 3
10:00	會議 1	追蹤客戶 2	支援同事 1	企劃會議 1	資料分析 1	採買日用品 1	早午餐 3
11:00	會議 1	追蹤客戶 2	支援同事 1	會議記錄 1	製作報表 1	早午餐 3	早午餐 3
12:00	午餐 3	和客戶吃飯 2	午餐 3	午餐 3	和客戶吃飯 2	交通 3	交通 3
13:00	協調廠商 1	剪輯影片 1	處理客訴 1	跨部門溝通 1	追蹤客戶 2	陪家人就醫 1	約會 2
14:00	聯絡客戶 1	剪輯影片 1	處理客訴 1	跨部門溝通 1	追蹤客戶 2	陪家人就醫 1	約會 2
15:00	統計人數 1	剪輯影片 1	處理客訴 1	拜訪客戶 1	支援同事 1	陪家人就醫 1	約會 2
16:00	資料管理 1	剪輯影片 1	知會廠商 1	拜訪客戶 1	支援同事 1	陪家人就醫 1	約會 2
17:00	資料管理 1	剪輯影片 1	企劃活動 1	彙整資料 2	支援同事 1	陪家人就醫 1	約會 2
18:00	跨部門溝通 1	回覆信件 1	企劃活動 1	彙整資料 2	回覆信件 1	陪家人就醫 1	看電視 4
19:00	加班 1	交通 3	加班 1	交通＋APP2	應酬 1	晚餐 3	看電視 4
20:00	加班 1	約會 2	加班 1	運動 2	應酬 1	運動 2	看電視 4
21:00	晚餐 3	約會 2	晚餐 3	運動 2	應酬 1	運動 2	梳洗家事 3
22:00	交通 3	梳洗 3	交通 3	梳洗家事 3	交通 3	梳洗家事 3	打電動 4
23:00	梳洗家事 3	打電動 4	梳洗休息 3	打電動 4	梳洗休息 3	打電動 4	放空休息 4
00:00	放空休息 4	打電動 4		放空休息 4		放空休息 4	

〔圖二〕一週活動向度範例

此外，第二象限的事情，大多都跟「自己」的事情有關，也是改變可以真正落實的重要時刻。可是第二象限的事情，通常需要比較長時間的投入，效果緩慢，常常會被忽略。一不小心，就被外在的刺激吸引，去做那些看起來有貢獻、結果明顯的事，這些事情通常都跟「別人」有關，再加上時間壓力，我們很容易就會答應他人突如其來的請求，讓自己的界限節節敗退。

像是瑞廷在會議前一天，臨危授命要做一支影片，這件事情並不是他負責，可是他知道如果能做好，對會議有很大的助益，加上當天

52h/ 週	24h/ 週
31h/ 週	12h/ 週

〔表三〕週統計

44%	20%
26%	10%

〔表四〕週比例

他沒有安排既定的活動。在這種情況下，只要對方稍微拜託、動之以情，瑞廷就投降了。他會覺得自己沒有理由拒絕，明明有時間又做得來，不幫忙好像說不過去。

第四步 優先支付給自己

面對這樣的情況，我一方面強化瑞廷的自我意識，讓他知道設立界限對自己和他人的重要性。另一方面，我直接從時間下手，請他開始練習在回應他人的請求前，一定要把時間手札或表格拿出來，看看自己最近的生活節奏為何，再思考能不能加進新任務。

此外，我請他把一直想做的事情列出來，一一填進手札中。換言之，**不是等自己有空才來做想做的事情，而是在其他的事情還沒發生前，就先預訂下來，屆時才有可能真的去完成，不會被擠壓而犧牲掉**。

以我自己為例，諮商和經營一間公司，讓我的時間常常會被切割得很零碎。公司成立初期，我大多是以學員或個案的時間為主，和他們進行晤談。但是一段時間之後，我發現這樣我完全無法進行任何的寫作計劃，因為回到家我就累了，無法切換到創作的腦袋。

後來，我有意識地空出寫作日，有可能是一整天或半天，視情況而定。一旦排定了行程，即使後來個案因故無法如期晤談，需要更改時間，或是臨時收接到演講或訪問邀約，我也不會挪動自己的寫作時間配合對方，一切都得事先告知，預留一週到數月不等的時間做安排。

就這樣我才能在緊湊的工作中，保持創作，繼續讓更多的人瞭解到心理和溝通的重要性；同時，寫作為我帶來的快樂，讓我更願意去面對週而復始的工作。正因為我願意把絕大部分的時間，投資在「重要但不緊急」的事物上，我才能保有生活的品質，而不會在忙碌的過程中感覺到乾涸，彷彿都在為別人活。

有趣的是，當我用這套方法協助界限比較脆弱，把太多心力放在他人身上的個案時，我不需要跟他們辯論拒絕別人，會不會讓自己變成一個自私的人？設立界限會不會讓別人覺得難搞？因為沒有人會否認照顧別人之前，必須先把自己照顧好，否則關係就失衡了，只是以前這個觀念只是口號，他們知道，但做不到。

透過時間管理，我只是請他把想做的事情先排定、習慣性反思自己使用時間的狀況，反而慢慢地能夠把焦點收回來。

「可視覺化」的結果，讓界限這件事情不再只是一種感覺，而是可以放在桌上檢視的議題。更好玩的是，當一個人知道怎麼滿足自己的需要，並享受過實際的快樂，他自然不會再把太多的注意力放在別人身上，他個人的界限也就變得清楚、堅定。

策略2 做好財務管理，過一個有節度的人生

談完了時間，接著我們再來談生命資源中另一個重要的項目：金錢。每次我們遇到別人有危難，人們經常會說：「有錢出錢，有力出力。」也就是說，我們能給他人的幫助，不外乎就是時間和金錢。

人是活在群體當中的，因此人際之間的互動，很難不牽涉到金錢。舉例：假設你是一個專業的攝影師，你的朋友要結婚了，請你幫忙拍攝婚禮紀實，你該不該收錢？談錢可能傷感情，但不談就傷心情啊！

特別是東方社會比較含蓄，面對這種金錢的議題，常常都是用一種很隱微的暗示，或是心照不宣的默契來達成共識，很難放到檯面上來談。例如，爸媽生病，誰來奉養？親朋好友來借錢，該不該答應？算不算利息？寫不寫借據？出去聚餐，由誰買單？做朋友的生意，是不是不應該收錢？或給個友情價？

面對這些疑惑，沒人能告訴你怎麼做才是對的，得視你個人的財務狀況而定。假如你有能力、且有意願，慷慨也是一樁美事；反之，就是打腫臉充胖子。所以同樣的，在做任何決定之前，你必須對於自己的「現況」有完整的理解，才知道自己的決策合不合適？會不會讓自己委屈？

我們以【輯二】〈提款機大哥〉故事中的主角品冠，和前言提到的子棋為例，帶大家看看，他們兩個人都因為財務的問題，而身陷泥沼。

品冠，從小看著家族的人因為錢的事情，鬧得非常不愉快，下意識便覺得錢是一個很麻煩的事情，最好不要管太多，有錢就賺，沒錢再想辦法。手頭不算闊綽，但是如果朋友需要幫忙，他總是義不容辭的情義相挺，搞得自己經常捉襟見肘。而子棋，則是不管媽媽需索有多麼無度，她總是想辦法滿足，絲毫不敢怠慢，覺得子女奉養父母是天經地義的事。

「可視化」的紀錄，對心理界限較為模糊的人，可以產生一種具象的圍籬，讓他們有勇氣推卻不屬於自己的責任。面對金錢的議題，同樣的我請他們兩個人按照以下的步驟，有意識地盤點自己的資源：

自我盤點一　記帳

一如時間管理，把自己每天的花費，不論金額全部記錄下來。不過，這個部分有賴於行動裝置的普及，許多手機APP記帳軟體，都開發得非常完善，因此相對於紀錄時間，管理生活開支變得容易許多。

自我盤點二　編列預算

或許對有些人而言，記帳並不困難，也做了很長一段時間，但是只紀錄流水帳，實際幫助不大，俗稱的「有記帳沒理財」。記帳的目的是為了分析，而不是單純的把數字記下來。

所以我要求品冠和子棋記帳一個月，之後依據「食、衣、住、行、育、樂、醫療、保險」主要幾個大向度，分別統計各自花費在這些項目的金額，有沒有哪些支出是不必要的？

結果品冠很快地就發現，自己花了不少錢在社交支出上，每次朋友邀約，他幾乎來者不拒，餐費就是一個不小的開支。而子棋則是發現，除了每個月給媽媽的零用錢，她還幫媽媽繳了許多帳單，生活開銷非常大。

我請他們依據自己目前的收入，重新調配項目，每個月該編列多少預算才算合理？至少第一步先做到不透支，才不會寅吃卯糧，雪球愈滾愈大。並且定時檢視各個項目已經支出多少？還有多少可以運用？不過度承諾自己無法負擔的要求。

自我盤點三　財務分流

知道每個月所需的基本開銷之後，我請兩人再個別開立兩個戶頭，一個是存款戶，另一個是緊急預備金，用以支應生活中臨時發生的重大支出。

以子棋為例，假設她一個月收入三萬八，扣除當月的生活費兩萬四之後，剩下來的一萬四，依比例她決定將七成，大約一萬塊撥到存款戶（這些存進去的錢，非必要絕不提領）；最後留四千元作為緊急預備金，如果母親需要急用，她就拿這個戶頭裡的錢支付，但是超過她能力可負擔的金額，她必須設下防火牆，不能讓母親予取予求。這麼一來，她就能為自己的未來做準備，而不會把所有賺來的錢都交給母親花用。同時也做到照顧的工作，不會覺得自己棄媽媽於不顧，心懷愧疚。

自我盤點四　優先支付自己

和時間管理的原則相同，當你把資源花在自己身上，勢必就無法應付外界太多的期待，並且有能力慢慢地長出對自己的認同，相信自己是有價值的，不再需要透過交換，來贏得他人的肯定。

如果有朋友要求你無酬幫忙，你心裡很清楚每個月支付的帳單有多少，壓力有多大，實在不能夠拿自己賺錢的時間或機會做面子，你自然就能把界限維持好，不隨之起舞。

如此，當你懂得妥善地分配自己的生命資源，想做的事情都能一一實踐，生活不虞匱乏，你就會對自己和他人產生一種真正的安全感，不需要透過犧牲奉獻，以消除內心的恐懼。

在每一次回應他人的要求時，都知道自己憑藉的原因，有餘力就多幫忙，也不過度勉強自己，消耗大量的生命資源。從此，變成一個真正擁有健康界限的人，有節度、有彈性、不僵固、不委屈。

後記

照顧你的當下，保護你的未來

希望讀者在讀完整本書之後，都能夠慢慢地建立出健康的心理界限，讓自己在關係中更勇於說出個人的狀態和需求。值得一提的是，「有界限」不等於從此之後都「不受傷」，你還是有可能會因為某個人的一些反應或做法，有不開心的情緒。

舉一個新聞案例，日前有一個知名店家在捷運內，舉辦快閃面交的活動，但是遭受站務人員要求離開。結果店家不滿交易受阻，自己和原本開心領貨的消費者遭到驅趕，憤而在臉書上開設直播，以不近人情、無理取鬧、小題大做等字眼諷刺臺北捷運公司，並不斷強調站務人員出言恐嚇，讓她備感威脅。

店家原本是想上網取暖、討拍，結果此舉卻引發網友的反彈，多數人認為店家「做賊喊抓賊」，明明自己有錯在先，為何要為難站務人員。店家激烈的作風引起不小的爭議。

讀到這邊，你可能會覺得好險老天有眼，沒讓惡人告狀成功，多數人心中仍有是非正義。但是我想邀請你想想，如果換作你是當天值班的站務人員，面對氣焰甚高、自以為是的民眾，你有勇氣堅持自己的做法，即使對方揚言上網把過程公諸於世、發動人肉搜尋，仍不為所動嗎？還是你會想，算了，大事化小，小事化無，睜一隻眼、閉一隻眼就好呢？

儘管這本書一直強調界限的重要，它將保護我們免於被剝削和保障自己的權益，但是在堅持的過程中，你不免會遇到有人挑釁、惡意攻擊，這些挑戰都會讓我們信心受到動搖、心情受到傷害，進而對自己的決定產生懷疑。覺得「界限」似乎沒讓事情變得比較容易，反而造成更多的麻煩。

面對這種時刻，你必須謹記「界限」，是為了讓你更快地意識到自己發生什麼事情，避免別人重複的侵犯你的原則，讓你疲於應付，從中學到珍貴的經驗，不在糾結於同一件事情上。**簡單的說，有界限不是別人就不會傷害你，而是你不會允許再有「下一次」的機會**。

換言之，**界限，追求的不是讓每個人都舒服，隨時隨地都保持周全。相反地，必要時刻你要拿出勇氣，斬釘截鐵地拒絕，即使對方出言不遜，依舊捍衛到底是必要的手段**。

一如在此新聞事件中，假使這位站務人員放水，沒有強制驅離店家離開，其他人看到了，會不會依樣畫葫蘆、群起效尤？屆時，站務人員得承擔的壓力和指責，絕對會比這一次他忍受的謾罵和批評來得大。

很多時候我們之所以拖著不去處理，往往是因為我們不想要當壞人、害怕被討厭，但是這樣就真的等於你把事情做好嗎？

人們總說「長痛不如短痛」，堅持界限的當下，確實會讓人感覺到一些無情冷漠，只要你的界限是合法合理，當周遭的人都知道這是你的原則之後，自然就不會再有人想要測試你的底線、挑戰你的做法，如此你才能夠擁有真正的自由與尊重。

最後，仍舊是那句老話：「別人的對待，是自己造成的。」界限的存在，是為了讓你懂得尊重自己的感受，進一步做出防範，你才能夠停止當受害者的輪迴，活出新的篇章與結局。

祝福你，成為你所期待的改變。

HEART
心｜視野　心視野系列 021

心理界限

尊重自己的意願，3 個練習設立「心理界限」，重拾完整自我

作　　　者　楊嘉玲
封 面 設 計　銀河研究室
內 文 排 版　許貴華
出版二部總編輯　林俊安

出　版　者　采實文化事業股份有限公司
業 務 發 行　張世明・林踏欣・林坤蓉・王貞玉
國 際 版 權　施維真・劉靜茹
印 務 採 購　曾玉霞・莊玉鳳
會 計 行 政　李韶婉・許俽瑀・張婕莛
法 律 顧 問　第一國際法律事務所　余淑杏律師
電 子 信 箱　acme@acmebook.com.tw
采 實 官 網　www.acmebook.com.tw
采 實 臉 書　www.facebook.com/acmebook01

I S B N　978-986-95473-3-8
定　　　價　300元
初 版 一 刷　2017年12月
初 版 十 刷　2024年2月
劃 撥 帳 號　50148859
劃 撥 戶 名　采實文化事業股份有限公司
104台北市中山區南京東路二段95號9樓
電話：(02)2511-9798
傳真：(02)2571-3298

國家圖書館出版品預行編目資料

心理界限：尊重自己的意願，3 個練習設立「心理界限」，重拾完整自我 / 楊嘉玲著 . -- 初版 . – 台北市 : 采實文化 , 2024.02
208 面 ; 公分 . -- (心視野系列 ; 012)
ISBN 978-986-95473-3-8 (平裝)
1. 人際關係 2. 生活指導
177.3　106017864

采實出版集團
ACME PUBLISHING GROUP